Guía para el docente y solucionarios

Dinamización comunitaria

ic editorial

Editado por: IC Editorial
c/ Cueva de Viera, 2, Local 3
Centro Negocios CADI
29200 Antequera (Málaga)
Teléfono: 952 70 60 04
Fax: 952 84 55 03
Correo electrónico: iceditorial@iceditorial.com
Internet: www.iceditorial.com

**Guía para el docente y solucionarios:
Dinamización comunitaria**

1ª Edición

© IC Editorial 2023

ISBN: 978-84-1184-264-8
Depósito Legal: MA 1768-2023

Impresión: PODiPrint
Impreso en Andalucía - España

Índice

Guía para el docente: técnicas de enseñanza y aprendizaje

Contenido

1. Introducción

El presente capítulo está destinado a ofrecer al cuerpo docente responsable de la enseñanza del programa de cualificaciones profesionales y certificados de profesionalidad, una guía metodológica para obtener el máximo rendimiento de los contenidos formativos que han sido desarrollados para el presente título.

La mejora de las habilidades comunicativas y la aplicación de una metodología contrastada de enseñanza, aprendizaje y evaluación permitirá transmitir el conocimiento y adquirir el programa formativo de la forma más efectiva y práctica posible.

Estudiaremos cuáles son los principales elementos que forman parte de la comunicación profesor-alumno, a través de una cuidada selección de sistemas de planificación de estrategias didácticas, así como la utilización de medios y recursos didácticos.

La integración de todas las actividades planificadas alrededor de un plan de formación adaptado e individualizado, aumentará además la satisfacción del alumnado por la utilización de un sistema no lineal e interactivo que se retroalimenta gracias a la relación establecida entre la propia metodología y los actores que forman parte de la enseñanza.

2. El programa de formación

Una de las claves del éxito de la mayoría de las actividades que se realizan en general, y concretamente en la formación, es la **programación.** Es necesaria la programación de las acciones formativas, para que así se pueda alcanzar el objetivo final, es decir, que el alumno obtenga una buena capacitación y adquiera nuevos conocimientos en su repertorio y que, después, sea capaz de emplearlos en su trabajo.

2.1. Definición de programación

Cuando se habla de **programación,** se pueden encontrar multitud de definiciones. Para sintetizar, se podría definir como la actividad de enunciar lo que se quiere hacer (objetivos, contenidos, métodos, temporalización, medios y recursos didácticos y evaluación).

 Definición

Programación
Es un plan donde se establecen las acciones que se van a realizar en un proceso de enseñanza-aprendizaje, por medio de un formador o un equipo.

A continuación, se va a describir una serie de características que tiene que tener una programación didáctica:

- Dinámica. Una programación no es estática ni está acabada, siempre está en constante revisión, de ahí su dinamismo. Además va cambiando o evolucionando según los resultados de la evaluación continua que se va realizando durante la ejecución de la acción.
- Flexible. Esta característica permite que se puedan hacer cambios, ampliaciones, reducciones y actualizaciones de los contenidos y actividades programadas, según las necesidades que se observen.
- Creativa. La programación como es un diseño propio y exclusivo, exige creatividad y originalidad. El docente es el que decide sobre el quehacer en el aula teniendo en cuenta las características del grupo, las necesidades que se pretenden satisfacer y las propias posibilidades.
- Prospectiva. La programación consiste en hacer un pronóstico de la interacción que se va a producir en el aula.

- Sistemática. La programación es un proceso sistematizador que da coherencia a la acción formativa, ya que tiene en cuenta todos los elementos (objetivos, contenidos, métodos, temporalización, medios y recursos pedagógicos y evaluación) que intervienen en el acto educativo y analiza sus relaciones.
- Integradora. Permite integrar elementos de cualificación técnico-profesionales con elementos de cualificación personal de alumnado.
- Funcional. Toda programación debe basarse en el perfil profesional de la ocupación y estructurar los contenidos formativos que proporcionan las competencias de ésta.

2.2. Elementos de la programación

Antes de empezar cualquier programación formativa, es necesario tener en cuenta los datos obtenidos del análisis de la ocupación y del grupo al que se dirige la acción formativa. A partir de esta información, se determinan los elementos que van a conformar la programación.

Cuando se realiza la programación de un curso, hay que plantearse previamente las siguientes preguntas:

1. ¿Qué quiero conseguir con la formación?	**OBJETIVOS**
2. ¿Qué conocimientos deben asimilar los alumnos para alcanzar los objetivos propuestos?	**CONTENIDOS DEL CURSO**
3. ¿Cómo trabajamos en el aula? ¿Qué actividades son las que realizamos?	**MÉTODOS DE ENSEÑANZA**
4. ¿Cuánto tiempo tengo y cuánto dedico a cada módulo?	**TEMPORALIZACIÓN**
5. ¿Qué medios y recursos didácticos se necesitan para poder llevar a cabo esas actividades?	**MEDIOS Y RECURSOS DIDÁCTICOS**
6. ¿Cómo sabemos que se ha producido el aprendizaje?	**EVALUACIÓN**

3. Factores determinantes de la efectividad de la comunicación en el proceso de enseñanza-aprendizaje

En toda comunicación que se produzca en el proceso de enseñanza-aprendizaje, existen factores determinantes que obstaculizan o refuerzan este proceso.

3.1. Obstáculos de la comunicación

Relacionados con el emisor

- No expresar de forma clara qué mensaje se quiere transmitir.
- Comentar algo a lo largo de la explicación que no sea lo correcto y pueda resultar desagradable.
- Cambiar el tema de conversación.
- Desviarse del tema que se está tratando.
- No mirar al receptor cuando se quiere expresar algo.
- No estar atento a las señales que emite el receptor.
- Expresar alguna idea a través de los gestos que no se corresponda con la idea a comunicar.

Relacionados con el receptor

- No comprender las ideas que quiere expresar el emisor.
- No pedir explicación al emisor de aquella información que no le haya quedado clara.
- Interrumpir al emisor cuando está hablando.
- Captar algo diferente a lo que el emisor desea transmitir.

Relacionados con el mensaje

- Mensaje confuso.
- Mensaje muy corto.
- Mensaje muy extenso.
- Abuso de muletillas.
- Utilización de frases sin terminar.
- Dar "rodeos" para decir la idea principal.

Relacionados con el contexto

- No ser el momento adecuado para transmitir algo.
- No saber escoger el lugar oportuno.
- La presencia de ruidos y de interferencias.
- No pensar en las personas que están cerca.

Relacionados con el código

- No utilizar el mismo código que la persona con la que se habla o a la que se escucha.
- No adaptar el vocabulario a la situación o a la persona con la que se conversa.
- Utilizar el doble sentido.

3.2. Sugerencias para el mejor funcionamiento de la comunicación

Emisor

- Acostumbrarse a planificar la comunicación.
- Concretar visiblemente los objetivos.
- Buscar la retroalimentación en la comunicación.
- No tratar de impresionar al receptor.

Mensaje

- Que sea claramente entendido por el receptor.
- Que la terminología usada sea de referencia común.
- Que reclame la atención y el interés del alumnado.
- Que sea sencillo de interpretar.
- Que su contenido sea adecuado y convincente.
- Que produzca el máximo efecto posible.

Canal

- Que sea el más apropiado al grupo al que se dirige, al contenido del mensaje y al objetivo que persigue el formador.
- Que sea el que cause mayor impacto en el receptor.
- Que sea el más eficaz.
- Que sea el que mejor domine el formador.

4. La comunicación verbal y no verbal en el proceso instructivo

Los medios de comunicación pueden agruparse en dos grandes bloques: los **medios verbales,** que son aquellos que usan la lengua como código compartido; y los **medios no verbales,** que son los que se fundamentan en otros códigos simbólicos. A su vez, dentro de los medios verbales, están el medio escrito y el medio oral.

Cada uno de estos medios tiene sus ventajas y sus inconvenientes, por lo que la selección del medio deberá tener en cuenta las circunstancias y características que en cada caso presenta el comunicador, la audiencia y el mensaje que se ha de transmitir.

4.1. Los medios verbales

La comunicación verbal

La comunicación verbal se utiliza para comunicar ideas o dar información, opiniones, expresar o describir sentimientos, etc. Sirve de vehículo a los contenidos explícitos del mensaje. Para garantizar la efectividad de la comunicación, es necesario que el mensaje se presente de forma descriptiva y operativa, pero siempre teniendo muy en cuenta el código común del grupo al que va dirigida esta comunicación.

Un uso correcto del lenguaje oral ayuda a acercarse más a los alumnos. Los principales aspectos a considerar son los que aparecen a continuación.

Construcciones gramaticales

El objetivo será transmitir el mensaje de la manera más clara posible. Se deben evitar los giros rebuscados, la sintaxis complicada y las metáforas. En las explicaciones y conversaciones debe primar el contenido sobre la forma.

Vocabulario

Es importante saber qué palabras van a expresar mejor los conceptos que se desean transmitir y las que pueden ser comprendidas mejor por los alumnos. El análisis previo de los alumnos ayuda a saber qué términos técnicos se pueden utilizar sin problemas, cuáles se tienen que explicar y cuáles se deben evitar.

En general, siempre hay que mantenerse dentro de un lenguaje formal, evitando los vocablos demasiado coloquiales, las palabras extranjeras, las referencias académicas y expresiones de carácter religioso, político, deportivo o cultural, que pueden resultar agresivas para los alumnos.

Ejemplos

Los conceptos abstractos que pueden aparecer y que dificultan la adquisición de los contenidos, tienen que ser expresados mediante las explicaciones del formador, siempre apoyándose en la visualización.

La comunicación escrita

La comunicación escrita posee un carácter más veraz que la oral. La interacción que tiene lugar entre el emisor y el receptor no es inmediata, en algunas ocasiones no llega a producirse jamás. Este tipo de comunicación ofrece más oportunidades expresivas y mayor complejidad gramatical, sintáctica y léxica. También hay que tener en cuenta que a veces dificulta la expresión y/o puede no proporcionar *feedback* de manera inmediata.

4.2. Los medios no verbales

Al igual que las palabras, los elementos de la comunicación no verbal son signos que representan una idea (se excluyen todos los signos lingüísticos).

A diferencia de la comunicación verbal, su función no se centra sólo en la transmisión de contenido, sino que traspasa esa frontera para expresar también las emociones del emisor, controlar la interacción y proporcionar *feedback* del efecto que el mensaje produce en el receptor. Todas estas funciones son muy útiles para el formador, tanto en su tarea de transmisor de conocimientos como en la tarea de motivar y dirigir al grupo.

A continuación, se detallan las diferentes categorías en las que se agrupan los elementos de la comunicación no verbal.

Kinesia

Posturas

Una de las primeras cosas que el formador debe transmitir a sus alumnos es confianza y seguridad, lo que puede conseguirse a través de una postura erguida (sin llegar a ser arrogante), de pie, apoyándose sobre los dos pies y manteniendo la cabeza alta.

Esta postura es útil, especialmente durante la presentación del curso, porque ayuda a relajar el cuerpo, a facilitar la respiración y a controlar las muestras de nerviosismo, al tener un buen apoyo en el suelo.

A medida que avanza el curso, se pueden adoptar otras posturas que faciliten el descanso (apoyarse), el acercamiento (echar el cuerpo hacia delante) o que resten protagonismo (sentarse).

Gestos

Los gestos son un buen aliado del formador, excepto cuando éste se siente incómodo o nervioso. Gestos de carácter adaptador, como rascarse o colocarse la ropa, pueden delatar su estado emocional.

La mayoría de los gestos cumplen la función de reforzar el mensaje verbal (ilustradores), aunque existen otros cuya función es regular las intervenciones cuando se dirige una discusión de grupo.

Expresiones faciales

Las expresiones de la cara transmiten las emociones y permiten obtener fácilmente una respuesta del alumno.

Una expresión facial agradable, como una sonrisa no forzada, facilita la creación de un ambiente relajado en el aula. Una sonrisa puede ser muy útil también para romper la tensión que inevitablemente surge en algunas sesiones.

Mirada

La mirada, junto con la postura, es uno de los mejores métodos para transmitir confianza (en momentos de nerviosismo se tiende a apartar la vista) y para captar la atención de los alumnos.

Mientras el formador habla debe mantener la mirada sobre los alumnos la mayor parte del tiempo, mirándolos el tiempo suficiente como para que se sientan atendidos pero no incómodos. También se puede utilizar la mirada durante las discusiones de grupo, con una función reguladora de las distintas intervenciones.

Desplazamientos

Realizar desplazamientos en el aula capta la atención del alumnado, además de facilitar el contacto visual. Hay que procurar que no sean repetitivos o bruscos (pasear cerca de los alumnos), y cambiar de un recurso a otro (ir de la pizarra al retroproyector), etc.

Recuerde

Los recursos no verbales que estudia la Kinesia son:

I Posturas.
I Gestos.
I Expresiones faciales.
I Mirada.
I Desplazamientos.

Estos recursos pueden utilizarse tanto para reforzar lo que se expresa mediante la comunicación verbal como para sustituirlo.

Proxémica

El aspecto de la proxémica que más interesa es la proximidad física entre los individuos, ya que los alumnos pueden sentirse violentos si el formador se aproxima excesivamente a ellos o, por el contrario, verle distante si no se acerca.

Se debe prestar atención a este aspecto, tanto durante las intervenciones como al distribuir el espacio del aula que se va a emplear, evitando siempre que los asientos estén demasiado juntos o demasiado separados.

Paralingüística

Para captar la atención del público, los oradores suelen hacer uso de determinados aspectos como el tono de voz o las pausas, que en algunos casos pueden parecer exagerados.

El formador, aunque emplee el método de la lección magistral, no es un orador y, por tanto, no debe prestar especial atención a estos aspectos, excepto cuando le plantean algún problema, debido a la ansiedad, al cansancio o a un mal estado de salud. Practicar en voz alta y realizar grabaciones durante la fase de preparación puede ayudar a vencer estas dificultades.

Volumen

Aunque el aula sea pequeña, se tiene que realizar el esfuerzo de hablar lo suficientemente alto para que todos los alumnos oigan las explicaciones y, a la vez, transmitir confianza. En general, el volumen se ajustará instintivamente cuando se compruebe dónde se sitúa la persona que se encuentra más alejada.

Entonación

El problema más frecuente, especialmente si se está cansado, es la monotonía, que no contribuye a captar la atención ni a motivar a los alumnos.

El interés que el formador muestre por el tema y una correcta preparación le hará destacar los puntos clave y jugar con la entonación de una forma adecuada a lo largo de toda la exposición.

Pronunciación

Los problemas se presentan especialmente cuando se está nervioso o se habla demasiado rápido. Se debe hacer un esfuerzo por articular todas las palabras de manera limpia y clara, abriendo la boca lo suficiente para pronunciar correctamente las sílabas, consonantes y vocales.

Velocidad

Una velocidad correcta puede ayudar a resolver problemas de pronunciación y de entonación. Se debe hablar a una velocidad normal o algo superior, para facilitar el mantenimiento de la atención. No obstante, si se está nervioso, se puede hablar con mayor lentitud para facilitar la respiración y relajarse. También se debe reducir la velocidad cuando se expliquen conceptos técnicos complejos o cuando se espere alguna respuesta por parte de los alumnos.

Recuerde

Los elementos que trata la Paralingüística son:

- El volumen.
- La entonación.
- La pronunciación.
- La velocidad.

Proyección física

Existen determinados factores que, sin que la persona diga ni haga nada, transmiten información y hacen referencia a la imagen física que esta persona proyecta.

Es fundamental que el formador transmita una imagen positiva para los alumnos. Se debe cuidar el aspecto externo y los artefactos que se usen, como los adornos y prendas de vestir. La manera adecuada de vestir depende de la situación y siempre debe estar en consonancia con lo que cada colectivo de alumnos espera del formador.

Ejemplo

Sería negativo vestir pieles para impartir un curso cuyo objetivo fuese desarrollar actitudes positivas hacia la protección del medio ambiente.

En cualquier caso, se debe llevar ropa que resulte cómoda, bien cuidada y no demasiado llamativa. A los adornos y al peinado se aplican las mismas reglas que al vestido.

Importante

Un objetivo fundamental del formador es dirigir la atención de los alumnos hacia el contenido que está desarrollando, nunca hacia su persona.

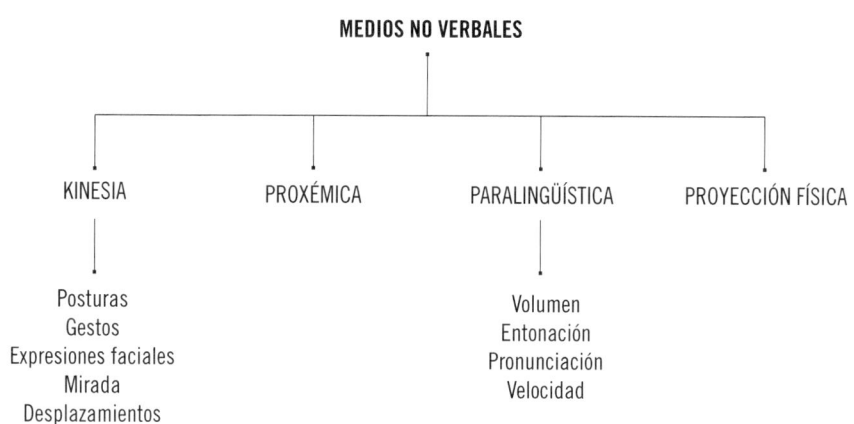

Finalmente, conviene recordar que si el formador observa atentamente la comunicación no verbal que expresan los alumnos, obtendrá una gran cantidad de información.

Hay numerosos signos no verbales que puede mostrar el alumno:

- **Atención:** posturas del cuerpo (inclinado hacia delante, hacia atrás...).
- **Necesidad de hablar:** movimientos sutiles de la boca, de la mano, etc.
- **Irritación:** movimiento de pies, manipulación de objetos sobre la mesa, etc.

- **Concentración:** tomar apuntes, mirar al docente, etc.
- **Cansancio:** cuerpo hundido, suspiros, etc.
- **Inercia:** silencios de todo el grupo, etc.
- **Desinterés:** cerrar el cuaderno, bostezar, mirar al vacío, etc.
- **Sorpresa:** levantar los brazos, abrir la boca, levantar las cejas, abrir los ojos, etc.

Si se observan estos elementos de forma atenta, se podrá obtener información sobre la comprensión del mensaje y el estado emocional de los alumnos, lo que será de gran utilidad para el formador durante el curso.

La comunicación no verbal aporta información al formador sobre los alumnos

5. Técnicas de secuenciación de contenidos

Una vez seleccionados los contenidos, hay que ordenarlos secuencialmente. La **secuenciación y estructuración de los contenidos** es el proceso que permite situarlos en una configuración que produce el máximo aprendizaje en el mínimo tiempo posible.

Algunas de las técnicas para la secuenciación de contenidos son las siguientes:

- Que los contenidos estén de acuerdo con los objetivos propuestos y con los plazos previstos para conseguirlos.

- Empezar por los contenidos más próximos y significativos para el alumno, para llegar poco a poco a lo desconocido. De esta manera, resultará más fácil introducir los nuevos contenidos.
- Ir de lo inmediato a lo remoto.
- Ir de lo concreto a lo abstracto.
- Ir de lo más fácil a lo más difícil. Esto motiva al alumnado porque le va mostrando los avances de manera rápida.

Las principales ventajas que este proceso conlleva son:

- Ayuda al participante a pasar de un conocimiento o habilidad a otro.
- Garantiza que los conocimientos y habilidades previas son alcanzados antes de introducir elementos nuevos.
- Reduce el tiempo de formación.
- Evita la confusión y los fallos en el participante.

Estos puntos son los principales aspectos a tener en cuenta cuando se realiza la presente fase de la programación de la formación, es decir, cuando se fijan los contenidos de la formación.

6. La selección y planificación de estrategias didácticas

Las personas que realizan un curso de formación son diversas, por ello es muy importante que las estrategias didácticas se adapten, de la mejor forma posible, al contexto y permitan una flexibilidad.

 Definición

Estrategias didácticas
Son procedimientos que el formador emplea para facilitar el aprendizaje, con la intención de que éste sea significativo.

Tras la selección y estructuración de contenidos, llega el momento de decidir la modalidad de formación a seguir y la metodología a utilizar en su impartición. Pero esta decisión no se puede tomar arbitrariamente, sino que ha de basarse en unos criterios. Los criterios de decisión básicos para determinar qué estrategia y qué método de formación es el adecuado, son:

- La compatibilidad con los objetivos.
- Los principios generales del aprendizaje del adulto: individualización, motivación, utilidad, practicidad, intereses, etc.
- Los principios de rigor, realismo y participación.
- El carácter eminentemente aplicativo de los aprendizajes.
- La posibilidad de transferir los aprendizajes al puesto de trabajo.
- Los recursos disponibles, incluido el tiempo.
- Los factores relacionados con los participantes, como el estilo de aprendizaje, la edad, el tamaño del grupo, la motivación, etc.

Una vez escogido el método, se observa que ninguno es químicamente puro, sino que unos participan de otros. Por lo demás, todo método puede ser adecuado o inadecuado dependiendo del modo en que sea empleado.

Los formadores deben utilizar los métodos flexiblemente, de la forma que mejor se adapten al estilo de formación, a la materia y a los alumnos, complementando cada método con la técnica y recurso didáctico más acorde.

7. La selección y planificación de medios y recursos didácticos

Para realizar cualquier acción formativa, hace falta algo más que elegir y aplicar unos métodos y unas técnicas. Son necesarios los medios y recursos didácticos, que van a ayudar a desarrollar la metodología seleccionada en el aula. Los medios y recursos didácticos permiten el trasvase de información formador-alumno.

 Definición

Medios didácticos
Son materiales elaborados para facilitar los procesos de enseñanza-aprendizaje.

Recursos didácticos
Son soportes mediante los cuales se presentan los contenidos del curso a los alumnos.

A la hora de escoger el medio o recurso a utilizar, se deben tener en cuenta los siguientes criterios:

- **Características de la materia o tema.** Dependiendo de la naturaleza de los contenidos, éstos pueden ser transmitidos por unos u otros métodos.
- **Los objetivos del curso.** Toda selección de medios y estrategias de enseñanza deben realizarse en función de éstos.
- **La disposición del aula y el número de alumnos.** Hay que tener cuidado, sobre todo en la visibilidad de alguno de los recursos, porque pueden perder eficacia.
- **Tiempo disponible para la formación.** Este elemento tiene que estar siempre presente, porque, en función del tiempo que se tenga, se elegirá lo que se adapte mejor a las necesidades.
- **Recursos disponibles,** ya que en algunas ocasiones están a nuestro alcance.
- **El uso que se haga de ellos,** cuál es la finalidad, qué es lo que se pretende y en qué momento se van a utilizar.
- **El nivel de conocimiento de los alumnos** sobre el tema.

Todos estos puntos se han de tener en cuenta a la hora de escoger un medio o recurso didáctico. La finalidad de éstos no es otra que la de fundamentar, apoyar y reforzar el acto formativo.

8. La planificación de la evaluación del proceso de enseñanza-aprendizaje

La aplicación de programas de formación lleva a la obtención de unos determinados resultados. Éstos serán los frutos de la formación y mostrarán el grado de eficacia y eficiencia con que se lleva a cabo la función formativa.

Los resultados indican el éxito de la formación mediante su contraste con los objetivos fijados anteriormente. Este procedimiento recibe el nombre de **evaluación,** proceso ampliamente conocido y con trascendencia reconocida para la formación. Según el proceso de evaluación aplicado, los resultados obtenidos serán reales y fiables, o bien, falseados.

Para que los resultados de la evaluación muestren con certeza el grado de éxito alcanzado con la formación, es necesario un requisito previo: el establecimiento de criterios de evaluación durante el proceso de planificación de la formación. Los criterios actúan como puntos de referencia, a partir de los cuales se valoran los resultados obtenidos.

Los criterios de evaluación han de fijarse con mucha atención, ya que determinan el proceso de evaluación, y éste juzga el grado de éxito de la función formativa.

El primer aspecto a tener en cuenta es la validez: los criterios de evaluación han de ser válidos en relación a los elementos del proceso formativo.

Los aspectos que determinan el grado de validez de los criterios de evaluación son:

- La relevancia.
- La no deficiencia.
- La no contaminación.
- Su fiabilidad.

El establecimiento de criterios válidos y fiables permitirá elaborar un proceso de evaluación de la formación que mida rigurosamente la eficacia y la eficiencia de la función formativa.

9. El seguimiento formativo

El seguimiento es un proceso continuo que sirve para evaluar la eficacia del uso de los recursos y para saber qué iniciativas se pueden emprender para mejorar el aprovechamiento de los recursos formativos.

El seguimiento, además de realizarse después de haber finalizado la planificación formativa, también se realiza antes de la acción.

9.1. Características

El seguimiento formativo permite evaluar los distintos componentes (desde los alumnos hasta todos los elementos que forman la programación) que intervienen en él durante todo el proceso de formación.

El seguimiento formativo se diferencia de la evaluación en que éste tiene que ver más con tareas organizativas, de coordinación, administrativas, etc.; sin embargo, la evaluación valora aspectos de los procesos de formación, como pueden ser la comunicación, el aprendizaje de los nuevos conocimientos, etc.

Con la realización adecuada de un seguimiento formativo:

- Se pueden **descubrir errores o desajustes** en el proceso de enseñanza-aprendizaje antes de que se realice la evaluación final para comprobarlos.
- Se pueden **corregir los errores** en el momento en el que se están produciendo.
- Además, **se detectan los aspectos positivos** que tienen lugar a lo largo de todo el proceso y las **posibles mejoras** que se pueden realizar.

El seguimiento formativo tiene que ser realizado por todas las personas que están implicadas en la realización de los cursos de formación (tutores, coordinadores, técnicos, etc.), por ello, el formador es una figura importante en el proceso de formación, ya que se encuentra implicado en él.

El proceso de formación debe estar planificado, pensado y planteado antes de que empiece la acción de formación, nunca debe llevarse a cabo de manera cerrada, sino que tiene que estar abierto a cualquier cambio que se considere necesario.

9.2. Finalidad

Son varias las finalidades que persigue el seguimiento formativo:

- Ayudar a comprender por qué ocurren algunas cosas y qué se puede hacer para intervenir en ese proceso que se está llevando a cabo.
- Identificar y solucionar los problemas que surgen a lo largo del proceso.
- Contribuir para elaborar planes de formación de manera objetiva, sin desviarse de la finalidad éste.
- Colaborar en la disminución y control del uso de los recursos materiales.
- Determinar el nivel que puede alcanzar el rendimiento y relacionarlo con el rendimiento actual.
- Diagnosticar y detectar problemas para llevar a cabo las acciones correctivas pertinentes.

9.3. Planificación

El seguimiento formativo debe planificarse antes y durante la acción formativa.

El objetivo de este seguimiento es comprobar la eficacia de la acción formativa antes de que ésta llegue a su fin, es decir, es necesario que durante este proceso todos los elementos que van a formar parte del aprendizaje estén planificados.

Los dos momentos que hay que tener en cuenta para planificar el seguimiento formativo son:

- **Antes de la acción formativa:** es necesario conocer las necesidades, el perfil del alumno, qué materiales, instrumentos, recursos, medios didácticos se van a usar.

■ **Durante la acción formativa:** aquí el seguimiento se utiliza para comprobar los posibles errores y mejoras que se pueden llevar a cabo. Ofrece la posibilidad de poder modificar aquellas acciones o medios que dificultan el avance del aprendizaje.

10. Instrumentos para el seguimiento

A lo largo de un ciclo formativo pueden suceder errores y surgir problemas, esto abarca desde la identificación de necesidades hasta la planificación, el diseño, la implantación y la evaluación. Por todo esto, es importante saber cuál es la causa del problema y saber tomar las medidas oportunas para que no se origine nuevamente.

Para detectar el origen del problema, siempre se necesita una información determinada, ésta sólo se puede obtener mediante técnicas que ayuden a obtenerlas, es decir, que permitan recabar y analizar los datos obtenidos.

Para el seguimiento del proceso de enseñanza-aprendizaje, se pueden confeccionar diferentes tipos de instrumentos de evaluación, como pueden ser los cuestionarios y utilizar la observación directa, etc., si el tipo de formación lo permite (presencial o semipresencial). Estos instrumentos variarán según el tipo de datos que se quiera conseguir.

Un ejemplo de plantilla para recoger y analizar la información podría ser esta:

CURSO:		1º Módulo	2º Módulo	3ºMódulo
	Suficiente			
Objetivos del módulo	Insuficiente			
	Adecuado			
	Inadecuado			

Continúa en página siguiente >>

<< Viene de página anterior

CURSO:		1º Módulo	2º Módulo	3ºMódulo
Contenidos del módulo	Suficiente			
	Insuficiente			
	Adecuado			
	Inadecuado			
Metodología	Suficiente			
	Insuficiente			
	Adecuado			
	Inadecuado			
Actividades y recursos	Suficiente			
	Insuficiente			
	Adecuado			
	Inadecuado			
Recursos materiales	Suficiente			
	Insuficiente			
	Adecuado			
	Inadecuado			
Recursos humanos	Suficiente			
	Insuficiente			
	Adecuado			
	Inadecuado			
Proceso de evaluación	Suficiente			
	Insuficiente			
	Adecuado			
	Inadecuado			
Nivel de satisfacción del alumnado	Suficiente			
	Insuficiente			
	Adecuado			
	Inadecuado			

Para el seguimiento del aprendizaje, como la información que se obtiene es de diferente índole, se recogerá mediante la aplicación de las técnicas seleccionadas y elaboradas para la evaluación de cada uno de los aspectos planteados (observación directa de los trabajos, participación, cuestionarios acerca de la motivación y satisfacción del alumnado, etc.).

Por ejemplo, los contenidos que se podrían incluir en la "parrilla" de análisis son los siguientes:

CURSO		1er Módulo	2º Módulo	3er Módulo
Conceptos (comprende los contenidos conceptuales)	Con facilidad			
	Con normalidad			
	Con dificultad			
Procedimientos (aplica y desarrolla los contenidos procedimentales)	Con facilidad			
	Con normalidad			
	Con dificultad			
Actitudes (manifiesta las actitudes adecuadas a los contenidos)	Con facilidad			
	Con normalidad			
	Con dificultad			
Motivación y participación	Con facilidad			
	Con normalidad			
	Con dificultad			
Satisfacción del alumno	Con facilidad			
	Con normalidad			
	Con dificultad			

Dos de las herramientas básicas son:

- **Los diagramas de flujo:** éstos sirven para desglosar en forma de componentes, para presentar una clara imagen de lo que ocurre.
- **Los checklists:** éstos son especialmente útiles para garantizar que se han realizado todas las acciones necesarias. Es otro método de ayuda orientado a los formadores y participantes para preparar, utilizar y solucionar los problemas del equipamiento.

Otros métodos de seguimiento y control que pueden ayudar en la formación son:

- Las reuniones formales e informales.
- Pasar un informe de las sesiones, cuestionarios de satisfacción o formularios de evaluación del curso.
- Entrevistas de evaluación.

 Recuerde

Algunos de los instrumentos de seguimiento más utilizados son:

I Cuestionario de satisfacción
I Cuestionario de motivación
I Observación directa
I Reuniones formales e informales
I Entrevistas de evaluación

11. Metodología de la evaluación del diseño de formación

Los métodos empleados en la evaluación siempre suelen son los mismos, independientemente de que se evalúen los objetivos, los contenidos, los recursos, etc. A pesar de esto, hay que tener en cuenta que no se deben utilizar todos los métodos que se van a nombrar, sino que todo dependerá de lo que se esté evaluando.

Los métodos más frecuentes son:

- Observación sistemática.
- Observación mediante observadores externos o internos del grupo.
- Análisis de trabajo.
- Entrevistas personales.
- Situaciones de simulaciones.

- Diálogos, debates.
- Cuestionarios específicos.
- Inventarios.
- Grabaciones en vídeo.
- Etc.

11.1. Evaluación de los objetivos

Cuando se diseña el programa formativo, se deben concretar los objetivos que serán objeto de evaluación al finalizar el curso, para comprobar si éstos se han alcanzado o no.

Los objetivos marcan aquellos aspectos claves que debe adquirir el alumno para alcanzar unas competencias determinadas. Éstos determinarán lo que el alumno será capaz de saber y saber hacer al acabar el curso, en unas condiciones dadas y con unos medios determinados.

Si, al finalizar el curso, se observa que los objetivos no se han cumplido en su totalidad, hay que analizar cuál ha sido la causa de este error y corregirlos. Si se han cumplido los objetivos, habrá que determinar los motivos de éxito, para volver a ponerlos en práctica en futuros cursos.

Los objetivos marcados al inicio de la formación sirven para:

- Dirigir la formación, es decir, saber hacia dónde se quiere llegar con ésta.
- Comprobar qué se ha logrado.
- Facilitar la evaluación, ya que se sabe cuáles son los objetivos que hay que evaluar.
- Reorientar la formación en el mismo momento que se está realizando.
- Elegir los métodos más adecuados para la formación.

La evaluación de los objetivos debe medirse atendiendo a:

- **Objetivos generales:** son utilizados para saber cuáles son las competencias generales.
- **Objetivos específicos:** parten de los objetivos generales.

■ **Objetivos operativos:** son derivados de los específicos. Son objetivos más concretos y siempre deben estar relacionados con actividades u operaciones determinadas. Son los más fáciles de medir.

 Ejemplo

Objetivos específicos para evaluar un curso de primeros auxilios:

❚ Aprender los conceptos básicos y generales de los primeros auxilios.
❚ Adquirir las habilidades y aplicar los principios de actuación para poder reaccionar adecuadamente en situaciones de urgencia.
❚ Conocer los aspectos jurídicos relacionados.

11.2. Evaluación de los contenidos

La evaluación de los contenidos se realizará para comprobar si los objetivos que se habían marcado al principio de la formación se han logrado, así como para eliminar aquellos contenidos que no aportan nada al curso.

Se debe tener siempre en cuenta que se puede lograr un mismo objetivo de formación utilizando diversos contenidos.

Para evaluar los contenidos, hay que comprobar si se ha seguido una secuencia lógica a la hora de impartirlos. Esta secuencia permite que los contenidos sean adquiridos por los alumnos de una manera más significativa, es decir, facilita el aprendizaje de los mismos.

Para que la evaluación de los contenidos resulte positiva, éstos deben ir expuestos:

■ De acuerdo con los objetivos propuestos y con los plazos previstos para conseguirlos.
■ De lo conocido a lo desconocido.

- De lo inmediato a lo remoto.
- De lo concreto a lo abstracto.
- De lo fácil a lo difícil.

Otro aspecto a tener en cuenta para que la evaluación de los contenidos sea positiva, es que éstos se deben estructurar adecuadamente, por ejemplo, mediante módulos, unidades didácticas, etc. Éstas tienen que abarcar los conocimientos, las habilidades y las actitudes que capacitan al alumno para poner en práctica las funciones que desempeñará en su puesto de trabajo. Por lo general, se pueden constituir equivalencias entre objetivos generales y cursos, objetivos específicos y módulos, unidades didácticas, etc. así como entre objetivos operativos y sesión formativa,.

 Ejemplo

Siguiendo el ejemplo anterior de primeros auxilios, los contenidos que se evaluarán para comprobar si se han logrado o no los objetivos anteriormente propuestos, son:

I Primeros auxilios: conceptos generales.
I Soporte vital básico (reanimación cardio-pulmonar)-adultos.
I Soporte vital básico-niños.
I Soporte vital instrumental.
I Traumatismos osteoarticulares. Inmovilizaciones (vendajes y férulas improvisadas).
I Movilización de urgencia y posiciones de espera.
I Traumatismos craneales y vertebro-medulares.
I Otras situaciones de emergencia.

11.3. Evaluación de la metodología

La evaluación de la metodología consiste en comprobar que los métodos que se han utilizado son los adecuados para lograr los objetivos formativos, aunque éstos deben ser flexibles a la hora de utilizarlos, ya que deben adaptarse a la materia tratada, a los alumnos, a los recursos disponibles, etc.

Para conseguir que la evaluación de la metodología sea positiva, se deben tener en cuenta las características que se emplean para definir un método. Éstas pueden ser:

- Presentar y mostrar la problemática del tema para que, a través de la reflexión y el esfuerzo, el alumno pueda resolverla.
- Respetar tanto la libertad de expresión como de creación.
- Las actividades que están destinadas al alumno tienen que ser dirigidas por el formador para que el alumno reflexione y participe.
- Motivar al alumno, relacionando los temas con sus intereses, motivaciones y necesidades.
- Organizar los nuevos aprendizajes para que se integren con los ya adquiridos.
- Tener en cuenta las limitaciones y las posibilidades que tiene cada alumno.
- Dar lugar a la acción individualizada a través de tareas que requieran planteamientos y acciones individualizadas.

11.4. Evaluación de actividades y recursos

Las **actividades** son unos elementos que acompañan a los contenidos formativos, ya que éstas refuerzan los contenidos que son expuestos por el formador. Siempre debe existir coordinación entre ambos, para esto se deben seleccionar adecuadamente tanto los métodos como las técnicas.

Para evaluar las diversas actividades que se han desarrollado, hay que formular una serie de preguntas para saber si las actividades han sido eficaces o han fallado en su ejecución. Algunas de estas preguntas pueden ser:

- ¿Qué ha hecho el alumno?
- ¿Ha sabido aplicar los conocimientos necesarios para lograr resolver las actividades?
- ¿Valora y comprende la finalidad de la actividad?
- ¿Ha mostrado interés en la realización de la misma?
- ¿Qué ha aprendido?
- ¿Han sido válidas las actividades?

- ¿Cuáles han fallado? ¿Por qué?
- ¿Se han alcanzado los objetivos?
- Etc.

Junto con las actividades, los recursos también tienen que ser evaluados, ya que de ellos va a depender en cierta manera la eficacia de las actividades. Por eso, en la evaluación de los recursos hay que tener en cuenta la eficacia de aquellos que se han utilizado y cuáles son los que se hubieran necesitado para desarrollar el curso.

Se pueden distinguir varios criterios para evaluar la eficacia de los recursos:

- Su calidad, porque actúa como mediador entre la realidad y la estructura cognitiva del alumno.
- El contexto metodológico, ya que todo va a depender de la metodología usada por el formador.
- Los propios alumnos, sus motivaciones, intereses, etc.
- La experiencia del formador en el manejo de los diversos recursos, sus habilidades, etc.

También es necesario tener en cuenta qué evaluar de los recursos:

- La rentabilidad de éstos.
- El aprovechamiento para distintas finalidades.
- El mantenimiento.
- La actualización, deben adaptarse a las nuevas tecnologías.
- La adecuación al proceso de enseñanza-aprendizaje.
- Posibilitar la acción, estimular y responder a las curiosidades presentes en el alumnado.

11.5. Evaluación del formador

La figura del formador es muy importante a lo largo de todo el proceso formativo, ya que, en cierta manera, el éxito o el fracaso de la formación recae sobre él, por lo tanto, es imprescindible conocer previamente a la persona que va a impartir un curso.

El formador es el mediador entre los contenidos y los alumnos, por lo que debe evaluarse de forma continua y a lo largo de todo el proceso de enseñanza-aprendizaje, así como al final del proceso, momento en que se comprobará si los métodos y estrategias que ha diseñado y utilizado han sido los adecuados, introduciendo posibles modificaciones para las prácticas futuras.

La evaluación del formador se puede realizar desde varias vertientes, en cada una de ellas se evalúan aspectos diferentes, pero todas persiguen el mismo fin, que es fomentar la calidad de la formación.

Evaluación realizada por los alumnos

Los alumnos pueden evaluar aspectos como la relación del formador con los alumnos, la organización de las sesiones, el control de clase, la efectividad de la enseñanza, etc.

En la siguiente tabla se muestra un cuestionario a modo de ejemplo:

Marque la opción que más se adecúe a las características que prevalecieron a lo largo del curso

1. Las oportunidades que tuve para realizar preguntas en clase fueron:
   a. Frecuentes
   b. Regulares
   c. Escasas
   d. Muy escasas

2. El interés que mostró el formador respecto a los alumnos fue:
   a. Satisfactorio
   b. Regular
   c. Poco
   d. Muy pobre

3. El clima existente en el aula fue:
   a. Bueno
   b. Regular
   c. Tenso
   d. Malo

Continúa en página siguiente >>

<< Viene de página anterior

**Marque la opción que más se adecúe a las características
que prevalecieron a lo largo del curso**

4. En la prueba final se evaluaban los contenidos dados a lo largo del curso:
    a. Sí
    b. No

5. El material presentado en el curso fue:
    a. Original
    b. Poco original
    c. Nada original

6. Las actividades que realicé para asimilar los contenidos fueron:
    a. Útiles
    b. Regulares
    c. Pobres
    d. Inútiles

7. El contenido marcado para el curso se expuso en su totalidad:
    a. Sí
    b. No

8. El grupo de alumnos afectó a mi aprendizaje:
    a. De manera positiva
    b. De manera negativa
    c. No me afectó

9. El material audiovisual me pareció:
    a. Atractivo
    b. Regular
    c. Inadecuado

10. Los procesos, problemas y soluciones experimentados en el trabajo en grupo fueron:
    a. Bien planteados
    b. Regular planteados
    c. Mal planteados

11. Las exposiciones por parte del docente me parecieron:
    a. Buenas
    b. Regulares
    c. Malas

Continúa en página siguiente >>

<< Viene de página anterior

**Marque la opción que más se adecúe a las características
que prevalecieron a lo largo del curso**

---

12. La actuación del profesor durante el curso evidenció:
    - a. Un elevado conocimiento de la materia
    - b. Un mediano conocimiento
    - c. Un escaso conocimiento

---

13. El profesor supo controlar las conductas perturbadoras sucedidas a lo largo
    del curso de forma:
    - a. Eficaz
    - b. Regular
    - c. Ineficaz

---

14. El ritmo que siguió el profesor al exponer los contenidos me pareció:
    - a. Muy bueno
    - b. Satisfactorio
    - c. Monótono

---

15. La secuencia de presentación de los contenidos del curso fue:
    - a. Lógica
    - b. Regular
    - c. Arbitraria

---

16. La actuación del profesor despertó interés y motivación:
    - a. Muchas veces
    - b. Algunas veces
    - c. Pocas veces
    - d. Ninguna vez

Evaluación realizada por el propio formador

En esta evaluación, el formador va a evaluar la preparación del curso, el desarrollo del mismo, y también realizará una evaluación propia de su actuación como formador.

En la siguiente tabla se muestra un cuestionario a modo de ejemplo:

Marque la opción que más se adecúe a las características que prevalecieron a lo largo del curso

A. PREPARACIÓN DEL CURSO

1. ¿Cómo ha sido el tiempo con el que ha contado?
    a. Suficiente
    b. Insuficiente

¿Por qué? _____

2. ¿Cómo considera la distribución de las sesiones del curso?
    a. Adecuadas
    b. Inadecuadas

¿Por qué? _____

3. ¿Ha dispuesto de las guías didácticas del curso?
    a. Sí
    b. No

¿Por qué? _____

4. ¿Ha dispuesto de los recursos necesarios para la preparación de sus sesiones?
    a. Sí
    b. No

¿Cuáles le han hecho falta? _____

5. Teniendo en cuenta su nivel de formación, ¿ha necesitado apoyo por parte de la dirección del curso?
    a. Sí
    b. No

¿Cómo ha sido el apoyo? _____

B. DESARROLLO DEL CURSO

6. ¿El desarrollo de las sesiones (distribución y tiempo) se ha correspondido con la planificación prevista?
    a. Sí
    b. No

7. ¿La metodología utilizada para el desarrollo de las sesiones ha propiciado la participación e implicación del alumnado?
    a. Sí
    b. No

¿Por qué? _____

Continúa en página siguiente >>

<< Viene de página anterior

Marque la opción que más se adecúe a las características que prevalecieron a lo largo de curso

---

8. ¿Considera que el clima del curso ha sido el adecuado?
   a. Sí
   b. No

¿Por qué? _____

9. ¿El contexto donde se ha desarrollado el curso ha sido adecuado y oportuno?
   a. Sí
   b. No

¿Por qué? _____

10. ¿Ha conseguido los objetivos propuestos?
    a. Sí
    b. No

¿Por qué? _____

C. AUTOEVALUACIÓN

11. Evalúe de 1 a 4 los siguientes apartados relacionados con su intervención como formador, donde:

    1. Considero imprescindible mejorar mi formación en este aspecto.
    2. Considero necesario mejorar mi formación en este aspecto.
    3. Cuento con recursos necesarios para el desarrollo ajustado del curso, pero podría encontrar dificultades si éste cambia el rumbo prefijado.
    4. Mi formación al respecto es adecuada y dispongo de recursos suficientes para el desarrollo óptimo del curso.

	1	2	3	4
Dominio de los contenidos				
Metodología/didáctica empleada				
Comunicación con el alumnado				
Trabajo en equipo				

D. AMPLIACIÓN

Puede anotar a continuación cualquier aportación que desee realizar y no haya sido considerada en este cuestionario.

_____
_____

11.6. Tipos de evaluación

Existen diferentes tipos de evaluación, cada una se aplicará atendiendo a diferentes criterios.

Según su finalidad o función de la evaluación

Diagnóstica

Esta evaluación, como su nombre indica, tiene un carácter diagnóstico, ya que permite que se conozcan las potencialidades del alumno. De esta manera, la actividad didáctica se dirige de forma más efectiva.

Formativa

Se utiliza como estrategia para mejorar y ajustar los procesos formativos en el momento que se están llevando a cabo, para alcanzar las metas y los objetivos marcados. La evaluación formativa es aplicable a la evaluación de procesos.

Sumativa

Se aplica a la evaluación de productos terminados, es decir, se sitúa concretamente cuando finaliza un proceso, cuando éste se considera acabado. Su propósito es determinar el grado en que se han conseguido los objetivos establecidos, para evaluar de forma positiva o negativa el resultado. Esta evaluación permite tomar medidas tanto a medio como a largo plazo.

Según el momento de aplicación de la evaluación

Inicial

Se produce al principio del proceso de enseñanza-aprendizaje. La función que tiene la evaluación inicial es identificar el nivel de conocimientos que tienen los alumnos que inician un curso y, de esta manera, comprobar si los alumnos cuentan con los conocimientos necesarios para comenzarlo, y determinar si es posible impartirlo de acuerdo al programa formativo o si se requiere alguna modificación.

Procesual

La evaluación procesual se basa en valorar, de forma continua, el aprendizaje de los alumnos y la enseñanza del profesor, a través de la recogida sistemática de datos, toma de decisiones, etc.

La evaluación procesual es totalmente formativa, ya que, al favorecer la recogida continua de datos, permite tomar decisiones en el mismo momento que se considere necesario.

Los resultados que se obtienen forman la base permanente para el formador a la hora de programar las actividades diarias, así como para establecer las actividades y los procedimientos más apropiados. De esta manera, se evitan las dificultades que se puedan producir en los aprendizajes que se están llevando a cabo. La finalidad de todo esto es evitar errores y vacíos en los aprendizajes posteriores.

Final

La evaluación final es aquella que se realiza al finalizar la formación, por lo tanto ésta recoge y valora los resultados obtenidos a lo largo de un periodo formativo.

Según su extensión

Global

Tiene en cuenta todos los elementos y procesos que guardan relación con todo lo que es objeto de evaluación. Por ejemplo, si se trata de evaluar el proceso de aprendizaje de los alumnos, esta evaluación se centra en todas las áreas en general, pero sobre todo en los diversos tipos de contenidos de enseñanza (conceptos, procedimientos, valores, normas, etc.).

Parcial

Esta evaluación no se realiza de manera global, sino que se lleva a cabo por partes, es decir, evalúa los componentes que más interesan.

Según los agentes que realizan la evaluación

Autoevaluación o evaluación interna

Es el proceso sistemático mediante el cual una persona o grupo examina y valora sus procedimientos, comportamientos y resultados, para identificar qué quiere corregir o modificar en él. La evaluación interna muestra que los alumnos están más motivados a la hora de realizar una tarea difícil. La puesta en práctica de la autoevaluación no conlleva que el profesorado abandone sus funciones, sino que implica una concepción diferente de la enseñanza.

La autoevaluación ofrece al estudiante ayuda para descubrir sus necesidades, cantidad y calidad de su aprendizaje, causas de sus problemas, dificultades y éxitos en el estudio. De esta manera, el alumno puede conocerse de manera más concreta.

Heteroevaluación o evaluación externa

La evaluación externa es realizada o llevada a cabo por otra persona que no es el protagonista del aprendizaje. En esta evaluación, lo más frecuente es que el profesor evalúe al alumno.

TIPOS DE EVALUACIÓN

Según su finalidad o función	- Diagnóstica - Formativa - Sumativa

Continúa en página siguiente >>

<< Viene de página anterior

TIPOS DE EVALUACIÓN	
Según su momento de aplicación	- Inicial - Procesual - Final
Según su extensión	- Global - Parcial
Según los agentes que la realizan	- Autoevaluación o evaluación interna - Heteroevaluación o evaluación externa

Solucionarios de ejercicios de repaso y autoevaluación

Contenido

Solucionario 1
Agentes del proceso comunitario

Solucionario Capítulo 1

1. **Relacione los siguientes ítems con el elemento de la comunidad al que hace referencia.**

   a. Tasa de natalidad/mortalidad
   b. Necesidades e intereses
   c. Medios materiales
   d. Localización de los servicios a la comunidad

   d. Territorio
   c. Recursos
   b. Demanda
   a. Población

2. **De las siguientes afirmaciones, indique cuál es verdadera o falsa.**

   a. Se debe entender el barrio exclusivamente como un espacio territorial.

   ☐ Verdadero
   ☑ **Falso**

   b. En aquellas sociedades donde el individualismo se presenta como rasgo cultural, los procesos de intervención comunitaria son más difíciles de promover y sostener.

   ☑ **Verdadero**
   ☐ Falso

   c. Los grupos de interés están compuestos por familiares, amigos, compañeros del trabajo, vecinos del barrio, etc.

   ☐ Verdadero
   ☑ **Falso**

3. **Complete las siguientes oraciones.**

   a. La corriente de pensamiento que realiza una interpretación psicológica de la cultura se denomina **cultura y personalidad.**

b. El particularismo histórico establece la consideración de cada cultura como única. Su máximo representante fue **Franz Boas.**

c. El **darwinismo social** defendía la influencia de la biología sobre la evolución cultural, estableciendo la lucha por la supervivencia como motor de dicha evolución.

4. **Las organizaciones constituidas sin ánimo de lucro que, por voluntad de sus creadores, tienen afectado de modo duradero su patrimonio a la realización de fines de interés general se denominan...**

    a. ... asociaciones.
    b. ... colectivos.
    c. ... tercer sector.
    d. ... fundaciones.

5. **Localice en la sopa de letras cinco verbos que se correspondan con funciones del dinamizador comunitario.**

D	S	E	O	R	G	A	N	I	Z	A	R
J	E	D	A	E	B	O	C	F	D	I	E
R	S	T	P	D	A	K	L	E	C	M	R
Y	T	E	A	R	I	G	H	Z	P	A	G
P	I	L	I	B	O	P	A	O	R	D	S
D	M	M	Z	S	D	M	P	L	E	S	N
T	U	V	D	N	U	F	O	N	O	G	O
V	L	O	C	O	G	J	Y	V	H	J	M
F	A	Y	U	Z	D	M	A	D	E	C	A
O	R	I	E	N	T	A	R	M	Y	R	V
Z	T	H	K	E	S	I	U	Z	E	D	I
S	G	U	L	J	O	C	G	A	S	A	N

6. **Especifique si las siguientes fuentes de información se consideran primarias o secundarias.**

   a. Artículo periodístico sobre una tesis doctoral.

   ☐ Primaria
   ☑ **Secundaria**

   b. Informe de investigación sobre las características de las empresas de un barrio:

   ☑ **Primaria**
   ☐ Secundaria

   c. Encuesta de Población Activa:

   ☑ **Primaria**
   ☐ Secundaria

7. **Relacione las descripciones de las siguientes técnicas con su denominación:**

   a. Primero se descompone el problema/decisión en todas sus variables. Posteriormente, los participantes analizan todas las alternativas posibles para cada variable o parte. Finalmente, se plasman todas las combinaciones posibles en un listado que servirá de base para el análisis.
   b. Se representan todas las opciones disponibles de manera que permite realizar un análisis rápido de todas ellas, siguiendo un orden secuencial (de izquierda a derecha) con el fin de poder anticipar el modo en que evolucionaría la situación si se escogiese cada una de las opciones. A las diferentes opciones se les asigna un valor que representa la probabilidad de resultados.
   c. Se expone el tema, tras lo cual habrá un tiempo limitado para generar ideas de manera individual. Después se comparten con el grupo, que puntuará cada una de las ideas. Por último se realiza un recuento, se debate sobre el resultado y se realiza una segunda y definitiva votación.

   b. Árbol de decisiones
   c. Grupo nominal
   a. Análisis morfológico

8. Describa los cauces de comunicación abiertos entre el ciudadano y la Agencia Tributaria existentes en su lugar de residencia.

Los principales cauces de comunicación que deben valorarse a la hora de planificar y establecer un adecuado sistema de información, comunicación y coordinación entre los agentes sociales son:

- Contactos personales (individuales y grupales). Se refiere al contacto que se produce cara a cara tanto a nivel individual (en una entrevista, por ejemplo) como grupal (en una reunión).
- Contactos telefónicos y a través de fax. Comunicación a través de estos dos medios útiles para multitud de tareas inherentes a todas las fases del proceso comunitario.
- Contactos a través de correo ordinario. Comunicación más lenta pero necesaria en muchas ocasiones.
- Contactos a través de correo electrónico y en formato digital (plataformas, redes sociales, etc.). Comunicación vía Internet. Ágil y práctica pero requiere de la disponibilidad de equipamiento para nuevas tecnologías y conexión a Internet.

9. Relacione el tipo de voluntariado con su definición.

- a. De gestión
- b. Instrumental
- c. Motivacional

b. Persigue obtener mejoras en la comunidad a través de la promoción de programas y servicios, absteniéndose de gestionarlos.

c. Anima, sensibiliza y motiva a la acción.

a. Asume responsabilidades de gestión y consecución de los objetivos planteados.

10. ¿Qué papel desempeñan los recursos técnicos y profesionales como agente social? Razone la respuesta.

Estos recursos se encuentran en muchas ocasiones en contacto directo con la población que atienden, por lo que pueden cumplir una función de mediación ya que pueden servir de puente entre la administración y las demandas de los ciudadanos.

Al tratarse de personas con un amplio bagaje desempeñan una función de orientación y asesoramiento al tiempo que aportan una base científica y técnica al desarrollo de las actuaciones.

El trabajo interdisciplinar permite abordar las situaciones que son objeto de intervención desde una perspectiva integral.

Solucionario Capítulo 2

1. **Complete las siguientes oraciones.**

   a. La **teoría de la atribución** analiza la forma en que las personas explican la conducta de los demás.
   b. El **Ello** contiene los impulsos más primarios, innatos e inconscientes.
   c. El mecanismo a través del cual el individuo busca explicaciones alternativas válidas aunque no necesariamente reales se denomina **racionalización.**

2. **Relacione las siguientes definiciones con el concepto al que hacen referencia.**

   a. Proceso mediante el cual se establecen las formas básicas en la formación de la identidad social y cultural.
   b. Imágenes mentales que construye el individuo en relación con los demás, posibilitando su estabilidad mediante la interpretación y reinterpretación de las mismas.
   c. Proceso cognitivo básico que supone la ordenación y agrupación de la información que proporciona el medio para facilitar la complejidad del entorno.

   b. Representación social
   c. Categorización social
   a. Socialización secundaria

3. **La evaluación negativa que se hace sobre algo o alguien sin poseer un conocimiento profundo o fundado y que se materializa en una actitud negativa injustificada hacia un grupo y los individuos que lo integran, se denomina...**

   a. ... estereotipo.
   b. ... discriminación.
   c. ... prejuicio.
   d. ... negación.

4. ¿Qué papel desempeñan los mecanismos de defensa en el individuo?

Los mecanismos de defensa son tácticas que una persona desarrolla para protegerse y reducir las tensiones o la frustración ante determinadas situaciones e interacciones con su entorno. Estos posibilitan el mantenimiento del equilibrio psicológico y emocional y reequilibran el ambiente interno y externo.

5. De las siguientes afirmaciones indique cuál es verdadera y cuál es falsa:

a. Los roles determinados por las características biológicas del individuo se denominan roles primarios.

☑ **Verdadero**
☐ Falso

b. Desde la teoría del aprendizaje social, el proceso mediante el cual la persona interioriza lo observado y construye una representación de ello se denomina atención.

☐ Verdadero
☑ **Falso**

c. La capacidad para compartir opiniones y sentimientos con los demás de una forma positiva y respetuosa se denomina cooperación.

☐ Verdadero
☑ **Falso**

6. Relacione los siguientes estilos de negociación con su correspondiente denominación.

a. Búsqueda de una relación cordial y de confianza, evitando la confrontación y tratando de encontrar una solución aceptada para ambas partes.
b. Se trata de llevar la voz cantante o la iniciativa en la aportación de objetivos y medios para encontrar soluciones viables y válidas para ambas partes.
c. Persigue encontrar un equilibrio en los objetivos de ambas partes y llegar a un acuerdo donde los beneficios obtenidos salvaguardan la imagen e intereses de ambos.

b. Dirigente
c. Diplomático
a. Cooperativo

7. **Especifique si las siguientes técnicas se utilizan para promover la motivación, realizar acciones de formación o pueden utilizarse indistintamente.**

    1. Discusiones o debates.

- Motivación
- Formación
- **Ambas**

    2. Teatro.

- **Motivación**
- Formación
- Ambas

    3. Simposio.

- Motivación
- Formación
- **Ambas**

    4. Mesas redondas.

- Motivación
- Formación
- **Ambas**

    5. Panel.

- Motivación
- Formación
- **Ambas**

8. **Describa las barreras u obstáculos que pueden darse en el proceso de comunicación y que son atribuidas al emisor.**

Los obstáculos que pueden ser atribuidos al emisor del mensaje en un proceso de comunicación son: la desorganización de pensamientos, la falta de precisión en la expresión y la mediatización del mensaje en función de sus sistemas de categorización, creencias, valores, etc. Todos estos aspectos influyen en la selección de información y los juicios que emita.

9. **Algunas de las condiciones mínimas que deben cumplir los espacios de encuentro comunitarios son:**

    a. Ser de titularidad pública y cumplir con las condiciones mínimas de seguridad, salud e higiene.

    b. Ser de titularidad pública o privada y estar concentrados en zonas concretas.

    c. Poseer valores para la dinamización y disponer de un equipamiento básico.

    d. Que sean de fácil acceso con independencia de su lugar de ubicación.

10. **¿Qué criterios se han de tener en cuenta a la hora de diseñar los soportes de difusión de información en el proceso comunitario? Encuéntrelos en la siguiente sopa de letras.**

U	F	A	C	A	U	A	V	L	W	J	O	H	E	E
I	L	C	V	O	Z	Q	W	G	R	J	V	L	Y	M
F	I	C	D	V	H	S	G	R	P	F	P	S	O	M
A	U	E	P	B	W	E	H	O	X	J	P	O	D	T
A	G	S	U	F	H	O	R	E	H	A	I	I	L	E
E	F	I	C	A	C	I	A	E	H	G	F	Y	I	V
U	I	B	O	V	C	U	Q	B	N	O	Y	P	Z	G
U	M	I	C	J	U	O	C	T	L	C	A	P	D	O
G	T	L	S	A	I	L	N	H	E	M	I	N	H	S
R	L	I	X	S	M	Z	U	A	G	O	P	A	F	D
P	O	D	Y	F	A	P	D	S	H	F	M	E	T	A
I	K	A	E	J	G	C	U	P	D	T	E	F	J	V
A	L	D	F	O	E	F	I	C	I	E	N	C	I	A
N	D	O	N	H	N	A	A	C	C	I	L	S	R	O

Solucionario Capítulo 3

1. **De las siguientes frasesLa investigación cuantitativa se centra en...**

    a. ... las cualidades con respecto a las variables de estudio.
    b. ... los porcentajes de la muestra que comparten características.
    c. ... la frecuencia con la que se presenta una misma característica en una variable.
    d. **... las cantidades con respecto a las variables de estudio.**

2. **¿Cómo se denominan las variables que pueden ser manipuladas por el investigador con el objeto de conocer los efectos que produce en otras variables?**

    a. Variables multidimensionales
    b. **Variables independientes**
    c. Variables dependientes
    d. Variables cualitativas

3. **De las siguientes afirmaciones, indique cuál es verdadera y cuál es falsa.**

    a. Los indicadores que permiten establecer explicaciones a partir de los datos recogidos se denominan indicadores analíticos.

        ☑ **Verdadero**
        ☐ Falso

    b. La escala ordinal de medición permite conocer la posición y distancia entre los objetos de estudio.

        ☐ Verdadero
        ☑ **Falso**

    c. La escala de Likert consiste en presentar distintos enunciados al encuestado para que exprese su acuerdo o desacuerdo.

        ☐ Verdadero
        ☑ **Falso**

4. ¿Qué diferencia existe entre la validez instrumental y la validez teórica?

La validez instrumental hace referencia a la coincidencia de resultados utilizando instrumentos de medición diferentes mientras que la validez teórica se refiere a la coherencia que debe poseer el instrumento de medición con respecto a teorías establecidas.

5. Complete las siguientes oraciones.

a. La parte representativa de un conjunto que se obtiene para estudiar determinadas características se denomina **muestra.**

b. Cuando se parte de enunciados de carácter universal para inferir enunciados particulares se produce un razonamiento **deductivo.**

c. El **nivel de confianza** se refiere a la fiabilidad de los resultados en relación al tamaño de la muestra y al nivel de error.

6. ¿De qué forma pueden reducirse los sesgos de la técnica de la observación?

Para reducir los sesgos en la observación se podrá contar con varios observadores y contrastar la información obtenida a través de la aplicación de otras técnicas.

7. El principal instrumento para aplicar la técnica de entrevista es:

a. La grabadora.
b. La observación.
c. El guion.
d. El cuaderno de campo.

8. Encuentre en la sopa de letras cinco documentos de registro de información.

U	F	I	C	A	U	A	V	L	W	J	O	A	E	E
I	L	C	V	I	Z	Q	W	G	R	J	V	G	Y	M
F	I	M	D	V	F	S	G	R	P	F	P	E	O	M
A	U	E	P	C	W	E	H	O	X	J	P	N	D	T
I	N	F	O	R	M	E	I	E	H	A	I	D	L	E
E	F	A	T	O	I	L	M	U	H	G	F	A	I	V
U	I	V	O	N	C	U	Q	B	Z	O	Y	P	Z	G
U	M	I	C	O	U	O	C	T	L	C	A	P	D	O
G	T	S	S	G	I	L	N	H	E	M	Y	N	H	S
R	L	I	X	R	P	Z	U	A	C	T	A	U	F	D
P	O	D	Y	A	A	P	D	S	H	F	M	E	T	A
I	K	U	E	M	Q	C	U	P	D	T	E	F	J	V
A	L	B	F	A	Z	S	I	C	F	O	N	X	T	A
C	U	A	D	E	R	N	O	D	E	C	A	M	P	O
Z	V	A	S	I	D	W	E	P	B	I	O	T	E	R

9. Relacione las siguientes descripciones con el término al que hace referencia.

a. Proceso de asignación de números o signos a cada categoría para facilitar su recuento.

b. Proceso de definición y estructuración de códigos, títulos y categorías con el fin de organizar la información.

c. Proceso de búsqueda del significado en los datos recabados a través de la aplicación de diferentes tácticas.

c. Interpretación de resultados

a. Codificación

b. Indexación

10. ¿Qué técnicas se utilizan frecuentemente para el análisis de datos cualitativos?

    a. Las técnicas estadísticas y el análisis del discurso.
    b. Las técnicas de análisis de contenido y la consulta documental.
    c. Las técnicas de análisis de contenido y de discursos.
    d. Las tablas de contingencia y el análisis de contenido.

Participación ciudadana

Solucionario Capítulo 1

1. Busque en la siguiente sopa de letras las categorías de necesidades propuestas en la Teoría de la Motivación de Abraham Maslow.

I	P	L	O	F	U	H	S	A	M	J
T	I	E	C	Z	O	A	E	T	R	D
F	I	S	I	O	L	O	G	I	C	A
A	R	T	L	A	G	D	U	C	S	T
Z	E	I	O	D	I	O	R	G	E	N
F	P	M	I	A	B	A	I	I	C	F
S	E	A	N	O	E	L	D	S	A	E
E	U	U	S	O	C	I	A	L	E	S
R	A	R	U	A	P	B	D	M	I	V

2. Complete el siguiente texto:

La participación es una necesidad **psicológica** de los seres humanos, una vez cubierta las necesidades básicas. La mente impulsa a participar, puesto que el ser humano vive **en sociedad** y necesita relacionarse con las demás **personas**. Necesita compartir **ideas** y **opiniones**, expresar sus **deseos**, ayudar a los demás, y contribuir a **solucionar** problemas.

3. La visión sistemática de las necesidades propuestas por el Grupo CEPAUR distingue entre necesidades existenciales y axiológicas. De las siguientes categorías existenciales, ¿qué opción no es correcta?

   a. Tener.
   b. Hacer.
   c. **Participar.**
   d. Ser.

4. ¿Cuáles son los grados de participación de una comunidad?

Los grados de participación son los siguientes: apropiación, interactiva, funcional, motivación material, consulta, transmisión de información y pasiva.

5. De las siguientes frases, indique cuál es verdadera o falsa.

a. La consulta es el procedimiento mediante el cual los participantes deciden sobre todos o algunos de los aspectos de un problema o situación.

☐ Verdadero
☑ **Falso**

b. Concertación es el acuerdo mediante el cual dos o más personas o grupos de una colectividad definen la solución más conveniente para un problema y los medios para ejecutarla.

☑ **Verdadero**
☐ Falso

c. La Iniciativa persigue solucionar problemas o transformar situaciones.

☑ **Verdadero**
☐ Falso

6. Relacione los siguientes peldaños con el área correspondiente:

a. Terapia
b. Consulta
c. Control ciudadano

c. Poder ciudadano
a. No participación
b. Participación simbólica

7. ¿Qué significa, según Fernando de la Riva, mejorar la comunicación y la información y así mejorar la Participación Ciudadana?

Significa profundizar en la transparencia, puesto que sin información y sin comunicación no hay participación posible. La comunicación sigue siendo un elemento clave para la Participación Ciudadana pero, para que no se convierta en un instrumento de manipulación, la información ha de ser fiable, no ha de tener "zonas opacas", y ha de basarse en la confianza mutua.

8. ¿Cuáles son los derechos inherentes al derecho de participación?

Los derechos inherentes son el derecho a la información (que permita orientar y formar la opinión de las personas), el derecho de reunión (tanto de grupos de personas reducidos como para manifestarse en lugares públicos) y el derecho de asociación (de manera libre y con fines comunes). Derechos que se articulan a través de los reglamentos de participación ciudadana.

9. Indique cuál de las siguientes opciones no es un instrumento de participación en los reglamentos de participación ciudadana:

    a. La página web municipal y el correo electrónico ciudadano.
    b. Los consejos sectoriales.
    c. La Oficina de Atención Ciudadana.
    d. Sistema de defensa y protección de los derechos ciudadanos.

10. Los mecanismos de participación de base asociativa son:

    a. Los planes estratégicos y plataformas ciudadanas.
    b. Las agrupaciones de desarrollo rural, los planes integrales y los consejos consultivos.
    c. Los consejos consultivos.
    d. Jurados y asambleas ciudadanas.

Solucionario Capítulo 2

1. **¿Cuál de los siguientes valores no es posmaterialista?**

   a. Libertad de expresión.
   b. Estabilidad social y servicios.
   c. Lucha contra la pobreza.
   d. Mayor influencia en las decisiones políticas.

2. **Complete la siguiente oración:**

   Los movimientos sociales son corrientes de acción y **expresión colectiva,** conformados por un grupo no formal de **personas** y/o **asociaciones.** Se dedican a realizar reivindicaciones del tipo **sociopolíticas,** ya que su fin primordial es la transformación social del contexto en el que surgen.

3. **La contradicción cultural, enfrenta a los sectores de...**

   a. ... Clases altas-Clases bajas.
   b. ... Tolerancia-Intolerancia.
   c. ... Mujeres-Hombres.
   d. ... Normalidad-Discapacidad.

4. **¿Qué es el ciberactivismo?**

   Una forma de reivindicar y denunciar las injusticias sociales y la desigualdad a través del uso de las nuevas tecnologías de la información y comunicación. El objetivo es sensibilizar e incidir políticamente mediante manifestaciones virtuales, recogida de firmas, quejas y peticiones, envío de *e-mails,* etc.

5. Relacione los siguientes intereses con cada uno de los integrantes del tercer sector.

a. Participantes
b. Asociaciones
c. Entidades

b. Animar a la participación de las personas en la comunidad.
c. Crear redes de solidaridad.
a. Intervenir con más responsabilidad.

6. De las siguientes frases, indique cuál es verdadera o falsa.

a. Existen dos tipos de modelos para explicar la estructura de los movimientos sociales: centralizado y descentralizado.

☑ **Verdadero**
☐ Falso

b. En el modelo descentralizado, la toma de decisiones es responsabilidad de unos pocos.

☐ Verdadero
☑ **Falso**

c. En el modelo centralizado, las nomas de funcionamiento son fijas.

☑ **Verdadero**
☐ Falso

7. ¿Cuál es el objetivo de *Empowerment* Comunitario?

Proporcionar un espacio en el que todos los participantes se interrelacionen en red, de tal forma que se pongan en juego todas las capacidades y habilidades y se asuman responsabilidades conjuntas, ejerciendo el control de los distintos actores que conviven en un mismo territorio.

8. Busque en la siguiente sopa de letras las características de la red social necesaria para llevar a cabo la estrategia de *empowerment* comunitario.

F	S	S	E	E	N	R	E
L	E	O	S	S	O	I	I
E	M	S	P	U	B	N	E
X	P	T	A	C	E	C	A
I	R	E	C	I	A	L	B
B	Z	N	I	A	T	U	O
L	D	I	V	E	R	S	A
E	S	B	R	U	V	I	M
N	F	L	E	B	G	V	Z
I	V	E	T	D	X	A	D

9. En la fase de sensibilización de un itinerario educativo es necesario...

   a. ... que se realicen reuniones periódicas.
   b. ... que la persona voluntaria reciba formación básica.
   c. ... realizar un análisis de la realidad.
   d. ... facilitar información sobre los fines y funcionamiento.

10. ¿Cuáles son los cuatro retos del voluntariado?

   Los cuatro retos son: aumentar la capacidad de transformación social y participación activa del voluntariado; ampliar los márgenes de sostenibilidad de las entidades voluntarias y del tercer sector; mejorar el conocimiento del voluntariado y mejorar la gestión del ciclo de la acción voluntaria.

Solucionario Capítulo 3

---

1. **Complete la siguiente oración:**

Desde la intervención comunitaria se debe lograr optimizar las **destrezas,** habilidades y **recursos personales,** además de **optimizar** las redes y sistemas de apoyo natural para el cuidado de la salud **comunitaria** e **individual.**

2. **¿Para qué sirve cada uno de los siguientes elementos de un proceso de cooperación?**

    a. Comunicación.
    b. Participación.
    c. Aprendizaje.
    d. Diversidad.
    e. Implicación social.

    e. Para combatir la exclusión social
    a. Para construir algo en común
    d. Para facilitar la convivencia social
    b. Para mejorar la calidad de vida de la comunidad
    c. Para ser personas más autónomas

3. **¿Cuáles son las tareas del técnico/a de participación social?**

Las tareas del profesional de la participación son realizar la gestión cotidiana de la participación, fomentar una nueva cultura participativa y facilitar espacios de participación, impulsar nuevas formas de organización y asesorar en temas participativos.

4. **¿Por qué es importante que el/la técnico/a de participación facilite un proceso participativo?**

Porque permite aprender a escuchar activamente a los otros participantes, a respetar las normas de convivencia, a trabajar en grupo y a expresarse con coherencia y confianza en uno mismo. Es un proceso que consiente a la ciudadanía configurarse como agentes activos y responsables de su realidad colectiva.

5. ¿Cuál de las siguientes características no define a un equipo de trabajo?

    a. Requiere de una coordinación.
    b. Tienen un objetivo colectivo y determinado.
    c. Tienen una formación similar.
    d. La toma de decisiones afecta a todos sus miembros.

6. Busque en la siguiente sopa de letras las fases en la dinámica del trabajo en equipo.

E	I	N	I	C	I	O	R
A	J	S	N	C	O	L	M
R	U	E	M	E	R	R	A
O	C	E	A	A	U	F	D
U	L	R	D	C	P	M	O
I	A	J	U	S	T	E	Y
S	I	O	R	L	U	I	A
N	B	I	E	U	R	D	P
A	P	O	Z	E	A	Z	V

7. De las siguientes frases, indique cuál es verdadera o falsa.

    a. El rol de equipo de "Impulsor" es dinámico, tiene iniciativa y trabaja bien bajo presión para superar obstáculos.

        ☑ **Verdadero**
        ☐ Falso

    b. El rol de equipo de "Cohesionador" es indeciso en las situaciones cruciales y evita las confrontaciones.

        ☑ **Verdadero**
        ☐ Falso

c. Los roles de equipo orientados a las personas son los de "Coordinador", "Cohesionador" e "Impulsor".

    ☐ Verdadero
    ☑ **Falso**

8. **El trabajo en equipo es eficaz y productivo cuando se cumple la...**

a. ... complementariedad.
b. ... interdependencia.
c. ... coordinación y el compromiso.
d. ... jerarquía grupal.

9. **¿Cuáles son las habilidades sociales para trabajar en grupo?**

Las habilidades sociales para trabajar en grupo son: la coherencia entre lo que se dice y lo que se hace, el respeto a las reglas establecidas, el sentido de la comunidad y actitud de servicio y la capacidad para solucionar conflictos.

10. **Cuando un equipo opta por solucionar un conflicto a través de la negociación se debe...**

a. ... hacer concesiones.
b. ... negar las diferencias y dejarlas pasar.
c. ... obligar a cambiar a algunos miembros.
d. ... encontrar una solución en la cual todos ganen.

Solucionario Capítulo 4

1. **Complete la siguiente oración:**

En la comunicación no es importante lo que dice **el emisor,** sino lo que entiende **el receptor.** Escuchar no es oír, es un proceso más completo en el que se ponen en juego **emociones** y **conocimientos** para comprender el significado del mensaje del emisor.

2. **Busque en la siguiente sopa de letras los elementos del proceso de comunicación.**

N	B	F	E	E	D	B	A	C	K	S
G	L	H	E	N	A	U	O	P	E	I
U	C	E	M	I	S	O	R	S	C	C
C	O	R	E	S	I	P	E	B	O	O
R	N	D	N	P	D	F	C	I	D	T
C	T	D	S	N	A	I	E	L	I	A
A	E	O	A	I	C	G	P	M	G	I
N	X	J	J	B	E	L	T	E	O	O
A	T	L	E	A	O	C	O	M	E	N
L	O	I	U	B	A	R	R	E	R	A

3. **¿Qué significa cada una de las siguientes barreras de la comunicación?**

   a. Físicas o ambientales.
   b. Fisiológicas.
   c. Semánticas.
   d. Socioculturales.
   e. Psicológicas o personales.

<u>a</u>. Son interferencias en el ambiente, como ruidos.

<u>e</u>. Son limitaciones que crea el/la emisor/a.

<u>d</u>. Son las diferencias culturales entre emisor/a y receptor/a.

<u>b</u>. Son deficiencias o limitaciones funcionales que afectan a emisor/a y/o receptor/a.

<u>c</u>. Son una mala interpretación de los símbolos y palabras.

4. ¿Qué destrezas son fundamentales en una intervención social para poder comprender las inquietudes y necesidades de la otra persona?

Saber escuchar activamente, ponerse en el lugar de la otra persona y estar atento a la comunicación no verbal, para así interpretar correctamente los mensajes que trasmiten.

5. ¿Cuáles son las principales teorías de la comunicación en los grupos?

La teoría de la comunicación humana, teoría del interaccionismo simbólico, la teoría general de sistemas y la teoría antropológica de la comunicación.

6. ¿Cuál de las siguientes características no define al estilo asertivo de comunicación?

a. No enjuicia ni etiqueta.

b. Confía en otros y no en sí mismo/a.

c. Se asegura de la comprensión del mensaje.

d. Cree en sí y en las otras personas.

7. De las siguientes frases, indique cuál es verdadera o falsa.

a. Los cuatro elementos necesarios para diseñar una estrategia de comunicación social son los objetivos, los contenidos, el público y los medios o canales.

☑ **Verdadero**
☐ Falso

b. En las campañas de comunicación social, se deben lograr tres objetivos: el de informar, el de sensibilizar y el de comprometer.

☐ Verdadero
☑ **Falso**

c. Las etapas a tener en cuenta a la hora de definir los objetivos, contenidos, público y canales son las de movilización, desarrollo, conclusión y la de seguimiento.

☑ **Verdadero**
☐ Falso

8. El plan de comunicación se debe elaborar en la etapa de...

a. ... finalización.
b. ... análisis del contexto participativo.
c. ... desarrollo.
d. **... diseño y elaboración del proceso participativo.**

9. ¿Qué cuestiones se deben responder cuando se diseña y ejecuta una campaña de comunicación social?

Las preguntas a contestar son:

▎ ¿Qué sucede?
▎ ¿Por qué ocurre?
▎ ¿A quién?
▎ ¿Qué se quiere conseguir?
▎ ¿Qué mensajes se van a transmitir?
▎ ¿Cómo se van a comunicar?
▎ ¿Qué dificultades y problemas pueden surgir?
▎ ¿Qué resultados se esperan?

10. Las técnicas comunicativas para grupos son:

a. La escucha activa, el parafraseo y el lenguaje corporal.
b. Encuestas, entrevistas y buzoneo de folletos.
c. **Jornadas, mesas redondas y exposiciones.**
d. Grupos de discusión, el *brainstroming* y el mural cooperativo.

Solucionario 3

Metodología de la dinamización comunitaria

Solucionario Capítulo 1

1. Los tipos de fuentes de información para el análisis de la realidad son:

    a. Fuentes primarias y secundarias.
    b. Fuentes oficiales y no oficiales.
    c. Varios y pueden clasificarse de varias formas, entre las que se encuentran las fuentes primarias y secundarias y las fuentes oficiales y no oficiales.
    d. Verídicas y no verídicas.

2. Busque en esta sopa de letras categorías a estudiar en el análisis de la realidad.

N	H	S	I	E	O	N	O
E	T	P	S	D	J	O	R
C	A	R	Q	U	U	B	G
E	Z	O	U	C	A	C	A
S	D	B	C	A	B	I	N
I	U	L	L	C	L	T	I
D	E	E	T	I	J	S	Z
A	J	M	M	O	B	D	A
D	C	A	R	N	V	U	C
E	F	S	L	H	E	T	I
S	U	I	B	D	C	J	O
A	H	G	A	Q	Z	B	N
R	E	C	U	R	S	O	S
U	P	A	N	T	A	H	O
L	Ñ	R	T	V	L	E	C
S	T	O	E	J	U	T	I
D	M	L	H	O	D	R	A
C	V	I	T	B	P	N	L

3. Complete la siguiente oración.

Estas fuentes, sea cual sea la forma en que se clasifiquen, deben proporcionar una información **útil** y **relevante**.

4. Indique cuál de estos no es una fuente de información oficial.

- a. Boletín Oficial del Estado (BOE)
- b. Boletín Oficial de la Comunidad Autónoma (BOCA)
- c. Boletín Oficial de la Provincia (BOP)
- **d. Boletín parroquial.**

5. ¿Qué son las fuentes oficiales? Enumere los tipos que hay.

Las fuentes oficiales son aquellos documentos elaborados y publicados por entidades públicas. Entre ellos, se encuentran los que se describen a continuación:

- Boletines estatales.
- Boletines autonómicos.
- Boletines provinciales.
- Boletines municipales.
- Organismos autónomos estatales y autonómicos.
- Observatorios.

6. Relacione los siguientes boletines oficiales con las siglas a las que corresponden.

- a. BOJA.
- b. DOCM.
- c. BOCYL.
- d. DOCV.

- **c.** Boletín Oficial de la Junta de Castilla y León.
- **d.** Diari Oficial de la Comunitat Valenciana.
- **a.** Boletín Oficial de la Junta de Andalucía.
- **b.** Diario Oficial de Castilla-La Mancha.

7. De las siguientes afirmaciones, indique cuál es verdadera o falsa.

a. Las fuentes de información de carácter no oficial son muy diversas.

☑ **Verdadero**
□ Falso

b. La prensa digital no ofrece la oportunidad de consultar publicaciones presentes y pasadas, puesto que ningún periódico ha digitalizado su hemeroteca.

□ Verdadero
☑ **Falso**

c. La información que se obtiene en internet no siempre es fiable ni está contrastada.

☑ **Verdadero**
□ Falso

8. Relacione las siguientes definiciones con la técnica a la que pertenecen:

a. Sirve para conocer lo que piensa un grupo de su propia comunidad.
b. A través de esta técnica, se pretende analizar la realidad social, económica y cultural de una comunidad.
c. Sirve para varias cosas, como describir lo que hay o no hay en el entorno, obtener datos sobre la percepción social de los entrevistados e incluso provocar una reflexión.
d. Se utiliza para conocer acontecimientos y cambios relevantes en el pasado de la comunidad y discernir cuáles han influido o influyen en el presente de la misma.

b. Árbol social.
d. Línea de tiempo.
a. Pictograma.
c. Entrevistas.

9. Los métodos para realizar el análisis de la realidad que se suelen usar son:

    a. El cuantitativo.

    b. El cualitativo.

    c. Los divergentes.

    d. El cuantitativo y el cualitativo.

10. ¿Cómo y cuándo se elaboran los informes sociales?

Tras el análisis de la realidad, será este grupo de trabajo el encargado de analizar la información y plasmarla en diferentes informes sociales que mostrarán la "radiografía" de la comunidad.

Estos informes pueden realizarse de forma sectorial, es decir, reflejando los resultados de la investigación por los sectores que se han analizado, como por ejemplo: sanidad, medioambiente, economía, etc. En todos los casos, debe aparecer la forma en la que se han obtenido los datos, ya que es esto lo que da validez y fiabilidad a la información que se presenta en el documento.

Estos documentos, que se elaboran de forma participativa, son la base para los proyectos comunitarios que se vayan a emprender. Sin esta información sería muy difícil realizar un diagnóstico completo de los problemas y necesidades de la comunidad. Además, este análisis da información relativa al posible impacto del proyecto en el entorno, la aceptación que podrá tener, las dificultades, qué entidades pueden ayudar a su desarrollo, etc.

Solucionario Capítulo 2

1. **En dinamización comunitaria, el análisis de la realidad tiene un fin transformador. Es por ello que suele coincidir con...**

   a. ... la priorización de necesidades.
   b. **... la detección de necesidades de la comunidad.**
   c. ... la evaluación de las técnicas de planificación.
   d. Todas las opciones son incorrectas.

2. **Busque en esta sopa de letras técnicas e instrumentos de recogida, análisis y organización de la información en la dinamización comunitaria.**

L	E	G	O	E	P	N	A
I	U	R	B	D	L	O	N
N	F	U	S	U	J	B	A
E	H	P	E	C	I	C	L
A	T	O	R	A	H	I	I
D	G	S	V	C	D	T	S
E	Q	D	A	I	R	S	I
T	C	E	C	O	E	D	S
I	P	D	I	N	N	U	D
E	L	I	O	H	T	T	O
M	N	S	N	D	R	J	C
P	H	C	Y	Q	E	B	U
O	E	U	U	R	V	O	M
U	P	S	M	E	I	H	E
L	Ñ	I	U	V	S	E	N
S	T	O	L	J	T	T	T
D	N	N	F	O	A	R	A
E	V	I	T	B	P	N	L

3. Complete la siguiente oración.

Una vez se conocen las necesidades prioritarias sobre las que se actuará, es fundamental **establecer protocolos de actuación para las distintas tareas que se deben realizar.**

4. Indique cuál de estos no es una técnica o instrumento de recogida, análisis y organización de la información.

    a. Pictograma.
    b. Árbol social
    c. Análisis DAFO (Debilidades, Amenazas, Fortalezas, Oportunidades).
    d. Diagrama de Venn.

5. ¿Cuáles son los criterios generales para establecer la prioridad de las necesidades de la comunidad?

Los criterios generales para establecer la prioridad de las necesidades de la comunidad son:

- La importancia que estas tengan para la comunidad.
- La urgencia en cuanto a solventarlas.
- El grado de éxito en su resolución.
- Los costes relativos a la implantación de las soluciones.

6. El proceso de determinación de prioridades tiene tres fases o momentos. Relacione las siguientes definiciones con las fases o momentos del proceso a las que corresponden:

    a. En esta etapa, se seleccionan necesidades por áreas y, según los criterios establecidos, se seleccionan las necesidades más prioritarias de cada área.
    b. Además de los criterios generales expuestos anteriormente, el grupo de trabajo, junto con el dinamizador, debe determinar tantos criterios como considere necesarios para facilitar el proceso de priorización de necesidades.
    c. Hay dos tipos de prioridades: las de acción y las de investigación. Las primeras son las que necesitan intervención inmediata. Las segundas hacen referencia a aquellas que necesitan conocer anteriormente causas y soluciones. Para determinar el tipo de prioridad, se tienen en cuenta principalmente los criterios de importancia y el grado de éxito en la resolución.

a. Fase de Niveles de priorización.
b. Fase de Definición de criterios de referencia.
c. Fase de Definición de las prioridades.

7. **De las siguientes afirmaciones, indique cuál es verdadera o falsa.**

a. A través de la técnica del árbol social, se pretende analizar la realidad social, económica y cultural de una comunidad.

☑ **Verdadero**
☐ Falso

b. Una vez se conocen las necesidades prioritarias sobre las que se actuará, es opcional establecer protocolos de actuación para las distintas tareas que se deben realizar.

☐ Verdadero
☑ **Falso**

c. En la planificación participativa de proyectos, se reúnen los grupos o estructuras comunitarias con interés en el tema o que se ven afectados por los problemas que se han detectado para realizar un análisis final.

☑ **Verdadero**
☐ Falso

8. **Relacione las siguientes definiciones con elementos del plan, programa o proyecto.**

a. Es aquella base teórica que avala el tratamiento del problema. Pueden ser estudios, datos estadísticos, reseñas de autores expertos, etc.
b. Se establece tras el análisis de todo el proceso si los objetivos del plan o proyecto se han alcanzado y en qué medida, así como recomendaciones para su mantenimiento o mejora en el futuro.
c. Se establecen el tipo de investigación que se va a realizar, las técnicas e instrumentos que se usaron para obtener información y el análisis de la realidad.
d. Se detallan todas aquellas fuentes documentales que se han utilizado para el diseño, desarrollo, planificación, ejecución y evaluación de plan o proyecto.

b. Conclusiones y recomendaciones.

d. Referencias bibliográficas.

a. Marco teórico.

c. Marco metodológico.

9. Tras aplicar estas técnicas para recoger información se debe...

a. ... extraer la información más transcendente para poder analizarla y sacar conclusiones.

b. ... reducir la cantidad de información que se ha obtenido atendiendo a la más relevante según lo que se está estudiando.

c. ... organizar la información con el fin poder analizarla y comprenderla con más facilidad.

d. Todas las opciones son correctas.

10. ¿Cuántas fases tiene el análisis de estructuras comunitarias? Enumérelas y explique en qué consisten.

El análisis de las estructuras comunitarias consta de cinco fases:

1. Identificar a todas las partes involucradas. Consiste en realizar una lista o tabla con los nombres de todas aquellas personas, grupos y/o instituciones que se ven afectadas por el problema o necesidad detectados.

2. Categorización. Se refiere a clasificar las partes involucradas según el tipo de estructura que sean, por ejemplo: entidades sociales, personas, autoridades, asociaciones, etc.

3. Intereses y puntos de vista. En esta fase, se debate sobre los intereses y puntos de vista de los afectados. Es un paso fundamental, puesto que los objetivos de las futuras acciones deben ir encaminados a solventar sus necesidades, por lo que su perspectiva y opinión sobre ello es fundamental para el buen desarrollo de dichas acciones.

4. Selección de los grupos más relevantes. Consiste en discernir aquellas estructuras con más influencia y peso en la comunidad, puesto que pueden representar un impulso o un obstáculo para el desarrollo de las acciones.

5. Análisis detallado de cada grupo de interés. Se debe realizar de forma grupal y serán los componentes del mismo los que decidan los criterios que se usarán para el análisis.

Solucionario Capítulo 3

1. **En dinamización comunitaria, ¿qué implica la programación?**

La programación implica la concreción de la planificación. Es decir, se establece cuánto tiempo y recursos se dedicarán a cada tarea específica y en qué momento se hará.

2. **Busque en esta sopa de letras las preguntas del modelo de planificación de las nueve cuestiones.**

L	E	G	O	E	P	N	A
C	O	N	Q	U	E	O	Q
N	F	U	S	U	J	B	U
E	P	P	E	C	I	C	I
A	T	O	R	A	H	I	E
D	G	S	R	C	D	T	N
P	A	R	A	Q	U	E	E
T	C	E	C	U	U	D	S
I	P	D	I	I	N	E	D
E	L	I	O	E	T	T	O
M	N	M	N	N	R	J	C
P	O	C	Y	E	D	B	U
C	E	U	U	S	V	E	M
K	P	S	M	A	I	H	E
L	Ñ	I	U	V	S	E	N
S	Q	U	E	J	T	T	T
D	N	N	F	O	A	R	A
E	V	C	U	A	N	D	O

3. Complete la siguiente oración.

El modelo del marco lógico se basa principalmente en **la relación lógica existente entre los costes (insumos) previstos, las actividades a realizar y los resultados que se esperan.**

4. Indique cuál de estos no es un elemento que compone la Matriz del Proyecto (MP).

- a. Insumos.
- **b. Árbol de problemas.**
- c. Indicadores.
- d. Factores externos (supuestos).

5. ¿Cuáles son los elementos de un proyecto según el enfoque sistémico?

Desde la perspectiva sistémica, los elementos de un programa o proyecto son los que aparecen a continuación:

- ▌ Entradas (E). Se refieren principalmente a información y recursos.
- ▌ Procesos (P). Son lo que ocurre entre la entrada y la salida, es decir, lo que se hace con la información y los recursos para conseguir unos resultados.
- ▌ Salidas (S). Son los resultados.

6. Para garantizar el buen desarrollo del proceso de planificación, deben darse una serie de condiciones. Relacione las siguientes definiciones con los elementos necesarios para favorecer el proceso de planificación a los que corresponden.

- a. Son imprescindibles para la recogida y análisis de la información necesaria para llevar a cabo el proceso, así como para informar y motivar a las personas, grupos e instituciones participantes.
- b. Es imprescindible para cuestionar el statu quo y buscar nuevos enfoques, además de clarificar la necesidad de cambio y las consecuencias negativas que puede haber si no se hace.
- c. El proceso debe ser inclusivo, por lo que debe favorecer la participación y colaboración entre los diferentes actores sociales, grupos e instituciones de la comunidad. Esto no quiere decir que haya un consenso entre ellos, pero todos deben estar informados y tener la oportunidad de manifestar sus intereses y expectativas.

c. Participación.

a. Disponibilidad de recursos.

b. Actitud autocrítica.

7. De las siguientes afirmaciones, indique cuál es verdadera o falsa.

a. Durante el desarrollo de esta fase, se utilizan técnicas como el DAFO o FODA (Debilidades, Amenazas, Fortalezas y Oportunidades), el análisis de implicados, el análisis de expectativas, diagramas de causa efecto (como por ejemplo el árbol de problemas), el flujograma, etc.

    ☑ **Verdadero**
    ☐ Falso

b. Las fuentes de verificación son aquellas herramientas y métodos para validar los recursos que se utilizarán en las actividades.

    ☐ Verdadero
    ☑ **Falso**

c. Es importante desarrollar el taller sobre el enfoque de marco lógico en el contexto en el cual se va a realizar el proyecto y que el moderador del mismo sea experto en esta herramienta, además de no tener relación directa con los implicados.

    ☑ **Verdadero**
    ☐ Falso

8. Relacione las siguientes definiciones con el elemento del árbol de problemas al que corresponden.

a. Son el producto directo de la situación que se plantea como problema. Representan las hojas del árbol.

b. Son acciones causales y directamente responsables de la situación planteada. Representan las raíces del árbol.

c. Representa el tronco del árbol.

b. Las causas.

a. Las consecuencias o efectos.

c. El problema focal.

9. **Entre los tipos de indicadores, se encuentran...**

   a. ... cuantitativo: se refiere a lo numérico, por ejemplo los kilómetros de carreteras asfaltados.
   b. .... cualitativo: hace referencia a la propiedad o modo de ser de algo, por ejemplo el funcionamiento eficiente del centro cívico y social de la comunidad. En el caso de este tipo de indicador, se debe hacer todo lo posible para que sea medible.
   c. ... de comportamiento: en relación a maneras de actuar, como por ejemplo un mayor uso de las instalaciones deportivas del entorno.
   d. **Todas las opciones son correctas.**

10. **¿Qué diferencias hay entre la planificación estratégica y la planificación normativa? Realice una comparativa entre ambas.**

PLANIFICACIÓN NORMATIVA	PLANIFICACIÓN ESTRATÉGICA
Modelo clásico.	Propuesta nueva, como teoría y como práctica.
Uso de procedimientos normativos.	Uso de procedimientos estratégicos.
Centrada en la formalización.	Centrada en la direccionalidad.
Ve la planificación como un modo de actuar sobre la realidad, a partir de lo que decide la persona que planifica.	Ve la planificación como un modo de actuar que surge desde la realidad.
Pone la atención en problemas técnicos y en la lógica de la formulación.	Pone la atención en los problemas definidos por diferentes actores sociales y en la lógica de la realidad.
Los planes, programas y proyectos enuncian lo deseable.	Los planes, programas y proyectos enuncian lo posible.
Carácter tecnocrático: la planificación como teoría que orienta las formas de intervención social.	Destaca la importancia de la política y la intervención de los diferentes actores sociales.
Otorga gran importancia al valor que tienen los expertos.	Integra el aporte de los expertos con las expectativas, necesidades, problemas e intereses de todas las partes involucradas.

Continúa en página siguiente >>

<< Viene de página anterior

PLANIFICACIÓN NORMATIVA	PLANIFICACIÓN ESTRATÉGICA
Criterio funcionalista.	Criterio constructivista.
Se centra en el diseño de un libro o documento guía (el documento escrito del plan, programa o proyecto).	Se centra en la dinámica de conducción, seguimiento de la coyuntura política, económica y social.
Los objetivos son resultado exclusivo del diagnóstico.	Los objetivos son resultados del consenso social.
Tiene gran importancia la decisión de la persona que planifica, que generalmente es externa a la comunidad.	Importa la confluencia de las decisiones de los diferentes actores sociales presentes en la comunidad.
El tiempo (en referencia a lo social) es homogéneo. No hay redefinición de los destinatarios ni de sus relaciones con otros sujetos.	El cambio es permanente y heterogéneo. Se redefine constantemente la población objetivo y sus relaciones con el resto de la sociedad.
No considera oponentes, obstáculos ni dificultades que condicionen la factibilidad del plan.	Pretende conciliar el conflicto y el consenso como dos factores inherentes a los procesos sociales y que condicionan la ejecución del plan.
Parte del modelo analítico que define el problema expresado en un diagnóstico.	Parte de la situación inicial que define el problema expresado en un diagnóstico.
Su punto de llegada es el modelo normativo que expresa el "deber ser".	Su punto de llegada es la situación objetivo que expresa el "puede ser".
Se espera que los destinatarios, sean activos o pasivos, respondan de forma espontánea a las acciones que se realizan.	Al haber diversos actores sociales en pugna, los destinatarios no siempre responden espontáneamente.
Sigue un esquema de acción riguroso, formalizado y articulado.	No tiene un esquema rígido de acción.
Mayor rigidez.	Mayor flexibilidad.

Solucionario Capítulo 4

1. **Existen diversos tipos de evaluación en función del momento en que esta se aplica, entre las que se encuentran la...**

   a. ... evaluación interna y externa.
   b. ... evaluación mixta.
   c. ... evaluación participativa.
   d. **Todas las opciones son correctas.**

2. **Busque en esta sopa de letras ocho técnicas de recogida de información, ya sean grupales o individuales.**

L	E	C	D	E	P	A	A
T	O	U	I	U	E	S	Q
E	S	T	A	T	U	A	S
L	P	S	R	C	I	M	E
E	T	I	I	A	H	B	M
G	G	M	O	C	D	L	I
R	A	E	D	Q	U	E	N
A	C	S	E	S	U	A	A
M	P	A	C	I	N	E	R
A	L	E	A	H	T	V	I
T	N	D	M	U	R	A	O
I	O	O	P	L	D	L	U
V	E	N	O	A	V	U	M
I	P	D	N	C	I	A	E
D	Ñ	A	U	F	S	T	N
A	I	A	E	M	T	I	T
D	E	B	A	T	E	V	A
E	V	C	U	A	N	A	O

3. **Complete la siguiente oración.**

La mayor parte de las técnicas e instrumentos que se usan para la evaluación de proyectos sociales proceden de otras áreas de conocimiento; sin embargo, **se han adaptado al ámbito de lo social.**

4. **Indique cuál de estos elementos no está relacionado con los inconvenientes que se pueden presentar en el proceso de recogida de información.**

   a. Muestreo.
   b. Recursos.
   c. Grupo control.
   d. Causalidad.

5. **¿Cuáles son las diferentes formas de registrar la información necesaria durante la observación participante?**

   ▌ Notas de campo: se usan para describir diferentes aspectos de una situación concreta.
   ▌ Registros textuales: se recoge en forma de texto la información aportada por las personas observadas durante las conversaciones, así como sus percepciones, intereses y necesidades.
   ▌ Entrevistas a informantes clave: es una herramienta muy importante, puesto que estas personas aportan información que sería muy difícil conseguir por otros medios.

6. **En relación a la recopilación documental, existen varios tipos de documentos a analizar. Relacione las siguientes definiciones con los tipos de documentos a los que corresponden.**

   a. Se refieren a libros, artículos científicos o de prensa, revistas profesionales, memorias, etc.
   b. Como por ejemplo discos, casetes, archivos mp3, etc.
   c. Combinan lo sonoro y lo icónico, como puede ser la televisión, el cine o el vídeo.

   c. Documentos verbo-icónicos.
   a. Documentos impresos.
   b. Documentos icónicos.

7. **De las siguientes afirmaciones, diga cuál es verdadera o falsa.**

   a. El análisis de contenido es "una técnica de investigación para la descripción objetiva, sistemática y cuantitativa del contenido manifiesto de las comunicaciones, que tiene como primer objetivo interpretarlas".

   ☑ **Verdadero**
   ☐ Falso

   b. La técnica de análisis coste-beneficio es muy sencilla de realizar, por lo que no es necesario tener una formación específica para desarrollarla.

   ☐ Verdadero
   ☑ **Falso**

   c. La técnica de mesas redondas consiste en la exposición de ideas sobre un tema por parte de un grupo de personas expertas en dicha materia y que tienen diferentes puntos de vista sobre esta.

   ☑ **Verdadero**
   ☐ Falso

8. **Relacione las siguientes definiciones con la fase de la secuencia del estudio de casos a la que corresponden.**

   a. En esta etapa, se analizan los datos obtenidos y se informa sobre las conclusiones que se extraen de dicho análisis. Esta fase puede realizarse simultánea a la interactiva e incluso establecer un ciclo en el que se obtiene información y se verifica de forma progresiva.
   b. Se entiende como la etapa de preparación, en la que se realiza una reflexión y se diseña la acción a través de la cual se aplicará la técnica.
   c. En ella, se desarrolla la técnica a través del uso de diferentes instrumentos y herramientas. Es la etapa más extensa.

   b. Fase preactiva.
   a. Fase postactiva.
   c. Fase interactiva.

9. **Entre los posibles destinatarios del informe de la evaluación, se encuentran...**

    a. ... las personas que han participado en el proceso.
    b. ... el personal de las instituciones públicas de la comunidad.
    c. ... el público en general.
    d. Todas las opciones son correctas.

10. **¿Qué criterios deben cumplir los instrumentos y elementos de la evaluación? Nombre cada uno y explíquelos.**

CRITERIO	QUÉ AYUDA A MEDIR
Pertinencia	Se mide si la acción y el momento de ejecutarla son adecuados, además de valorar si el proyecto en su conjunto ha resuelto la situación o problema para el cual se creó. Hay que tener en cuenta también la disponibilidad de recursos para ello.
Idoneidad-coherencia	Se analiza si la forma de llevar a la práctica el proyecto y las actividades que para ello se desarrollan son coherentes con los objetivos. Es decir, si las tareas son adecuadas para los fines. Se valora, además, la adecuación de cada elemento que compone el proyecto en relación a los otros (objetivos, actividades, recursos, indicadores, factores externos, etc.).
Efectividad	Facilita la determinación del logro de objetivos.
Eficiencia	Se establece si se han conseguido los objetivos con el mínimo uso de medios y con el menor coste de recursos, ya sean humanos o materiales. Es decir, si el uso de los medios y la asignación de costes se han optimizado lo máximo posible.
Fiabilidad	Hace referencia a la recogida de datos científicos. La evaluación debe ser un proceso en el cual se obtengan y analicen los datos de forma seria. Es decir, deben tener validez, por lo que los elementos e instrumentos para la evaluación deben garantizar la medición y extracción de resultados.
Relevancia	Se analiza si el proyecto, sus acciones y resultados, han sido significativos para los destinatarios.

Continúa en página siguiente >>

<< Viene de página anterior

CRITERIO	QUÉ AYUDA A MEDIR
Toma de decisiones	Los resultados de la evaluación deben favorecer la toma de decisiones en cuanto a la reformulación del proyecto, el rediseño de actividades, la asignación de recursos, etc.
Diseño de acciones futuras	La evaluación es una descripción sistemática y clara del desarrollo del proyecto, interpretada de forma objetiva y con carácter profesional, por lo que de sus resultados se deben extraer propuestas para realizar acciones en el futuro.
Coste-beneficio	Se analiza la relación coste-beneficio. Se considera que el proyecto ha tenido éxito cuando se obtienen grandes beneficios sociales con el menor coste posible. Es decir, que los beneficios sean sustancialmente mayores que la inversión realizada.

Solucionario Capítulo 5

1. **Existe una serie de criterios sobre los espacios para considerarlos como propicios para la interacción, entre los que se encuentran...**

   a. ... que las personas deseen ir allí por un motivo.
   b. ... que sean grandes y abiertos.
   c. ... que las personas que acudan al lugar se sientan allí seguras y cómodas.
   d. **Las opciones a y c son correctas.**

2. **Busque en esta sopa de letras los nueve espacios (urbanos o rurales) más comunes para desarrollar actividades de dinamización comunitaria.**

L	G	C	D	E	P	I	E
T	B	U	I	U	E	N	S
E	I	T	A	E	U	S	T
O	B	S	R	S	I	T	A
F	L	I	Y	C	S	I	D
G	I	M	O	U	D	T	I
R	O	E	M	E	J	U	O
A	T	S	E	L	U	T	S
M	E	R	C	A	D	O	D
A	C	E	A	H	T	L	E
T	A	D	M	U	R	Ñ	P
I	M	O	P	L	P	O	
A	V	E	N	I	D	A	R
Q	I	J	F	K	U	R	T
P	L	A	Z	A	C	Q	I
A	H	B	E	M	R	U	V
O	V	G	M	U	S	E	O
D	Ñ	R	U	F	E	A	S

3. **Complete la siguiente oración.**

Es muy importante el lugar donde se va a desarrollar la técnica, puesto que, **si el grupo de participantes se siente cómodo y seguro, habrá más posibilidades de que se muestren naturales y sinceros.**

4. **Indique cuál de estas técnicas no pertenece a la fase de programación de selección de metas-ideas fuerza.**

    a. Análisis DAFO.
    b. Lluvia de ideas *(brainstorming).*
    c. **Árbol social.**
    d. Árbol de problemas.

5. **En la planificación participativa de proyectos orientada a procesos y a resultados, ¿cuáles son las fases de programación?**

    ▪ Análisis de la realidad e identificación objetiva.
    ▪ Diagnóstico participativo.
    ▪ Selección de metas-ideas fuerza.
    ▪ Planificación del proyecto.
    ▪ Desarrollo e implementación.
    ▪ Seguimiento y evaluación.

6. **En la técnica visualización, cuando el debate se torna largo y no está siendo productivo, es preciso pararlo de forma momentánea y seguir con otros aspectos del problema. Para ello, pueden utilizarse unas señales. Relacione las siguientes señales con la definición a la que corresponden.**

    a. Hay conflicto, desacuerdo, o es un tema controvertido.
    b. Se necesita una aclaración posterior.
    c. Parar la discusión.
    d. Es necesaria más información.

    b. ¿
    a. ≠
    c. Stop
    d. Info

7. **De las siguientes afirmaciones, diga cuál es verdadera o falsa.**

   a. La técnica del árbol social pretende analizar la realidad social, económica y cultural de una comunidad. Consiste en un pequeño grupo de personas que analizarán su entorno a través del dibujo de un árbol.

      ☑ **Verdadero**
      ☐ Falso

   b. La técnica del seminario pretende conocer el acceso que tienen las personas de la comunidad a servicios como sanidad, educación, empleo, ocio, etc.

      ☐ Verdadero
      ☑ **Falso**

   c. El método Delphos consiste en realizar cuestionarios por correo (ordinario o electrónico) a un grupo de personas y, en base a sus respuestas, volver a formular dichos cuestionarios, hasta que se consigan los datos necesarios o se dé el consenso.

      ☑ **Verdadero**
      ☐ Falso

8. **Relacione las siguientes prioridades de acción en dinamización comunitaria con la definición a la que corresponden.**

   a. Difundir información y concienciar sobre un tema concreto que sea de interés para la comunidad. Pretende transformar la percepción sobre el mismo, cambiar actitudes y comportamientos, además del discurso social.
   b. Desarrollar y/o hacer que cobre más importancia una actividad.
   c. Explorar las posibilidades de futuro teniendo como base la situación presente.

   b. Dinamizar.
   a. Sensibilizar.
   c. Prospectar.

9. El PERT (en inglés, *Project Evaluation and Review Techniques)* es:

    a. Una técnica que analiza el tiempo necesario para terminar cada tarea, estableciendo así el tiempo mínimo y máximo que se tardará en completar el proyecto.

    b. Una técnica que consiste en la investigación o estudio en profundidad de un tema por parte de un grupo pequeño de personas, con el objetivo de comprender la realidad y tomar conciencia sobre la misma.

    c. Una técnica que consigue que los procesos de pensamiento, debate y trabajo sean más eficaces.

    d. Todas las opciones son incorrectas.

10. ¿Qué criterios vinculan los procesos participativos que se dan en dinamización comunitaria con la construcción de ciudadanía? Nombre cada uno y explíquelos.

CRITERIOS	VINCULACIÓN
Autonomía y responsabilidad	Los procesos comunitarios requieren la construcción conjunta de problemas y soluciones: las aportaciones individuales se convierten en un componente imprescindible. Se trata de incorporar a gente con capacidad de aportación, desde su propia subjetividad, autonomía y reflexividad. En definitiva, incentivar actitudes de responsabilización personal, que tiendan a la implicación en el proceso comunitario compartido.
Confianza y respeto	Más allá de las aportaciones personales, los procesos comunitarios requieren la construcción de vínculos y relaciones de confianza y reciprocidad; reconocimiento, valoración y respeto por las funciones y los roles de los demás. La confianza se convierte en un agente clave para generar percepciones y dinámicas de corresponsabilidad.
Deliberación y transparencia	La participación comunitaria no se suele articular en el entorno de dilemas y dicotomías simples; la construcción de proyectos y alternativas requiere una deliberación de calidad, con una fuerte carga argumental. Y con el máximo posible de transparencia en cuanto a flujos de información y conocimientos.

Continúa en página siguiente >>

<< Viene de página anterior

CRITERIOS	VINCULACIÓN
Conflicto e innovación	En la acción comunitaria, el trabajo desde pautas cooperativas y la búsqueda de complicidades y acuerdos no implica negar la existencia de conflictos, ni de desigualdades y asimetrías en las raíces de dicho conflicto. Significa, eso sí, la apuesta por la gestión del conflicto desde el diálogo como principio regulador básico y la consideración de las contradicciones como ventanas de oportunidad para la creatividad y la innovación social.
Complejidad y articulación de redes	La acción comunitaria tiene que contribuir a superar la tradicional desconstrucción de los problemas desde lógicas sectoriales. Ha de tender a reconocer su carácter complejo y multidimensional. La construcción de respuestas requerirá la confluencia de agentes y la articulación de redes sobre la base de interdependencias. Los procesos comunitarios deben tender a superar los monopolios y las jerarquías rígidas, generando espacios plurales de decisión y alianzas para la acción partiendo del reconocimiento cruzado de capacidades y límites.
Dinamismo y aprendizaje	Los procesos comunitarios implican la posibilidad abierta y permanente de adquisición de habilidades, de conversión de experiencias en aprendizajes. Requieren formas de trabajo dinámicas que superen la dicotomía planificación/gestión, hacia formas flexibles de revisión de procesos y contenidos, en el marco de proyectos y visiones estratégicas sólidas.
Proximidad y dinámicas sostenibles	La metodología comunitaria arraiga en la proximidad y en la capacidad de desarrollo endógeno del territorio. Hay que partir de los recursos ya existentes y de su puesta en valor, para promover su inclusión y adaptación en el proceso comunitario. Los procesos comunitarios se han de sostener en el tiempo, más allá de la aportación coyuntural de recursos extraordinarios. En este sentido, es básico partir de lo que ya existe y generar dinámicas y recursos bien asentados en las capacidades comunitarias de hacerlos sostenibles.

Solucionario 4
Fomento y apoyo asociativo

Solucionario Capítulo 1

1. **De las siguientes frases, indique cuál es verdadera o falsa.**

   a. Las asociaciones no precisan de una dotación inicial para constituirse.

   ☑ **Verdadero**
   ☐ Falso

   b. Las fundaciones precisan de una dotación inicial para constituirse.

   ☑ **Verdadero**
   ☐ Faso

   c. La asamblea general se constituirá válidamente cuando concurra a ella, presentes o representados, un tercio de los asociados.

   ☑ **Verdadero**
   ☐ Falso

   d. La asamblea general se constituirá por el órgano de representación con carácter extraordinario, cuando lo solicite un miembro, al menos.

   ☐ Verdadero
   ☑ **Falso**

2. **Determine si la siguiente oración es verdadera o falsa: " Un organigrama de funcionamiento es un instrumento que ordena los recursos humanos con los que cuenta una asociación".**

   ☑ **Verdadero**
   ☐ Falso

3. Relacione los siguientes elementos:

PERIODO HISTÓRICO

      a. Edad Media.
      b. Renacimiento.
      c. Siglo XVIII.
      d. Siglo XIX.
      e. Siglo XX.

PLANTEAMIENTOS QUE SURGEN

      b. Principio de universalidad.
      d. Surgen organizaciones sociales ideologizadas.
      e. Movimientos sindicales y organizaciones reivindicativas.
      a. Estructura estamental.
      c. El bien personal está relacionado con el bien general.

4. Sin fines lucrativos significa que...

      a. ... buscan lograr algún tipo de beneficio.
      b. ... no buscan ingresos económicos, solo reconocimiento social.
      c. **... no buscan el lucro o el beneficio económico.**
      d. ... no buscan el incremento patrimonial, solo prestar ayudas solidarias.

5. ¿Qué se entiende por la denominación de Utilidad Pública en una asociación?

El artículo 32.1 de la Ley Orgánica 1/2002 establece que pueden ser declaradas Asociaciones de interés General aquellas asociaciones que lo soliciten, que tiendan a promover el interés general, que el beneficio no solo sea para sus asociados, que cuenten con los medios suficientes para el cumplimiento de sus fines, que estén inscritas y se encuentren en funcionamiento en los últimos dos años y que ningún cargo público este retribuido por esta asociación con cargo a subvenciones.

6. ¿Cuál de las siguientes opciones no corresponde a una ONG?

    a. Entidad que tiene carácter privado.
    b. No busca el lucro, ni el beneficio económico.
    c. No tiene su patrimonio destinado a un fin definido.
    d. Pretende unos objetivos de solidaridad.

7. Complete los espacios en blanco.

La Asociación es un **conjunto** de personas que de forma **estable** buscan conseguir un fin **común.**

8. En relación al régimen fiscal de las asociaciones, responda si cada una las siguientes afirmaciones son verdaderas o falsas.

    a. Las asociaciones tendrán un número de identificación fiscal para sus relaciones de naturaleza o con trascendencia tributaria.

        ☑ **Verdadero**
        ☐ Falso

    b. La Ley 49/2002, de 23 de diciembre, entiende que las Fundaciones y Asociaciones son entidades sin fines lucrativos.

        ☑ **Verdadero**
        ☐ Falso

    c. Los incentivos fiscales solo afectan a las asociaciones y a las fundaciones pero no al mecenazgo.

        ☐ Verdadero
        ☑ **Falso**

    d. Las fundaciones y las asociaciones tienen el mismo régimen de exenciones fiscales.

        ☐ Verdadero
        ☑ **Falso**

9. ¿En qué consiste la Responsabilidad Social de una ONG?

La Responsabilidad Social de toda ONG consiste básicamente, en el comportamiento ético con el que abordan la ejecución y gestión de sus actuaciones y está muy vinculada a sus señas de identidad.

10. Elija la respuesta que considera correcta entre estas opciones.

a. La fiscalidad de las Asociaciones y Fundaciones se regulan por una sola norma.

b. Las entidades sin fines lucrativos estarán exentas del Impuesto sobre Actividades Económicas.

c. La Ley 49/2002, de 23 de diciembre, no considera que las Fundaciones y Asociaciones son entidades sin fines lucrativos.

d. Todas las opciones son incorrectas.

Solucionario Capítulo 2

1. **De las siguientes frases, indique cuál es verdadera o falsa.**

    a. El grupo es un conjunto de personas que no tienen ni metas, ni fines comunes.

    ☐ Verdadero
    ☑ **Falso**

    b. Los miembros de un grupo tienen una percepción colectiva de unidad y de intereses comunes y se sienten diferentes frentes a otros grupos.

    ☑ **Verdadero**
    ☐ Falso

    c. El tamaño es una característica primordial del grupo.

    ☑ **Verdadero**
    ☐ Falso

2. **Relacione las siguientes características grupales con su concepto.**

    a. Tamaño.
    b. Homogeneidad.
    c. Cohesión.
    d. Grupo primario.
    e. Grupo secundario.

    c. Unión de los miembros.
    d. Unidos por razón de afectos.
    e. Organización formal. Se unen para lograr fines.
    b. Patrón común en los miembros.
    a. Cantidad de miembros de un grupo.

3. La masa es un grupo en el que sus miembros...

    a. ... se unen durante un largo periodo de tiempo.
    b. ... establecen entre sí lazos de afecto.
    c. ... son anónimos o desconocidos entre sí.

4. Busque en la siguiente sopa de letras, cinco aspectos que favorecen las dinámicas de grupo.

D	D	B	E	X	T	Y	R	N	A	Q	D	I
C	I	E	S	T	I	M	U	L	A	C	E	A
W	A	A	E	O	U	S	R	A	N	H	C	N
C	L	R	L	F	F	T	S	F	O	R	I	P
E	O	C	C	O	N	S	E	N	S	O	S	Ñ
R	G	S	C	E	G	L	A	V	H	A	I	L
C	O	N	F	I	A	N	Z	A	U	M	O	B
E	S	T	I	M	U	L	A	C	I	O	N	O
A	C	U	O	R	P	G	C	D	I	K	U	N

5. ¿Qué es la dinámica de grupo?

La dinámica de grupos trata sobre las interacciones y fuerzas que se desarrollan en los procesos grupales. Cuando se habla de dinámica de grupos se hace referencia a la "vida" del grupo.

6. Complete la siguiente oración.

Las dinámicas de grupo siempre se deben de utilizar como un **recurso** para alcanzar un **fin** y no como un fin en **sí mismo**.

7. **¿Cuáles de estas afirmaciones recogen algunas pautas o claves para alcanzar el consenso?**

    a. **El consenso se ha de producir en unas condiciones de equidad.**
    b. El conflicto es la mejor forma de superar las diferencias.
    c. En un proceso de diálogo y consenso no se pueden formalizar pactos.
    d. **Los intercambios de ideas y opiniones se dan en un marco democrático y participativo.**
    e. Hay que tolerar actitudes de presión y planteamientos tendenciosos.

8. **Cuando se involucra a un colectivo o a un grupo, en la determinación de los objetivos o fines, se habla de...**

    a. ... reparto de tareas.
    b. ... consenso.
    c. **... corresponsabilidad.**
    d. ... ayuda mutua.

9. **Indique cuál de las siguientes opciones no tiene nada que ver con las dinámicas de grupo.**

    a. Es un recurso metodológico.
    b. Se emplea en el grupo para alcanzar unos objetivos.
    c. **A mayor empleo, aumenta la insatisfacción global del grupo.**
    d. Sirven para conectar a los miembros del grupo con los objetivos y metas.

10. **¿Qué es una ficha de registro de datos?**

Es una herramienta estándar que sirve para registrar una serie de datos para analizarlos en función de unos objetivos.

Solucionario Capítulo 3

1. **De las siguientes frases, indique cuál es verdadera y cuál es falsa.**

   a. La reducción en el tamaño del grupo fomenta la cohesión grupal.

      ☑ **Verdadero**
      ☐ Falso

   b. Cuando se otorga recompensas a los miembros de un grupo por separado, aumenta la cohesión grupal.

      ☐ Verdadero
      ☑ **Falso**

   c. El comportamiento cooperativo centra la atención en las personas y no en el problema.

      ☐ Verdadero
      ☑ **Falso**

2. **Elija la opción que considera correcta.**

   a. El rol es la función que le asignan a un miembro los responsables de un grupo.
   b. El rol es la función que desempeña cada uno de los miembros de un grupo.
   c. El rol es una función previa a la incorporación de un miembro al grupo.
   d. Las opciones a y b son correctas.

3. **Relacione estos criterios de agrupamiento con los tipos de grupos.**

   CRITERIOS

   a. En función del tamaño.
   b. En función del agrupamiento.
   c. En función de la estructura interna.
   d. En función de los objetivos.

TIPOS DE GRUPOS

d. Grupo de trabajo.
c. Grupo autocrítico.
a. Grupo grande.
b. Grupos formales.

4. **¿Cuáles son los tipos de roles o desempeños organizativos que generan los grupos en su funcionamiento?**

I Unipersonales o pluripersonales.
I Cerradas o abiertas.
I Estables o efímeras.
I Formales o informales.

5. **Complete la siguiente oración.**

Los roles no se dan de forma **pura e independiente,** sino que el desempeño de los roles en el grupo está condicionado por **la realidad** del grupo y **el contexto** donde se integra.

6. **¿Qué es el "sistema externo" y qué es el "sistema interno" en relación a los contextos que influyen en la dinámica grupal?**

EL "sistema externo" de los grupos comprende el medio natural, el medio social, cultural e histórico y las relaciones que se pueden dar entre los distintos grupos (relaciones intergrupales).

El "sistema interno" de los grupos se refiere a la interacción, actividad, lazos, vínculos, sentimientos y normas que comparten y experimentan los miembros de un grupo.

7. **Indique las fases de desarrollo por las que pasa todo grupo.**

I 1ª Fase. Formación
I 2ª Fase. Normativa
I 3ª Fase. Conflictos
I 4ª Fase. Funcionamiento
I 5ª Fase. Desintegración

8. ¿Cuáles son los roles de liderazgo más fundamentales?

I Autoritario.
I Permisivo ("laissez faire").
I Participativo/democrático.
I Autocrático.
I Carismático.
I Pastor.
I Formal/ Informal
I Emprendedor.

9. Desde una perspectiva general, ¿cuáles son las competencias de acción profesional que deben desempeñar los informadores juveniles?

Organizar y gestionar servicios de información para jóvenes que respondan a los intereses y necesidades de este sector de la población desarrollando acciones de información, orientación, dinamización de la información, promoviendo actividades socioeducativas en el marco de la educación no formal orientadas a hacer efectiva la igualdad de oportunidades y el desarrollo integral de los jóvenes como ciudadanos en el contexto de una sociedad democrática.

10. ¿Cuál de estas opciones no es correcta?

a. Todo grupo posee una estructura de roles y de comunicación, en continuo cambio.
b. En los grupos de carácter social, el mensaje es un vehículo de comunicación muy vivo y dinámico que está continuamente transformándose.
c. Un discurso grupal siempre será la suma de los discursos individuales.
d. El lenguaje verbal y no verbal son complementarios y se interrelacionan.

Solucionario Capítulo 4

1. **De las siguientes frases, indique cuál es verdadera y cuál es falsa.**

    a. Los recursos humanos de una organización sin fines lucrativos están formados por el personal voluntario y el personal contratado.

       ☑ **Verdadero**
       ☐ Falso

    b. El personal contratado en una asociación es más relevante que el personal asociado.

       ☐ Verdadero
       ☑ **Falso**

    c. La junta directiva es el órgano de representación que gestiona los intereses de la asociación.

       ☑ **Verdadero**
       ☐ Falso

    d. El órgano de gobierno de una asociación por lo general lo constituye la "asamblea de socios".

       ☑ **Verdadero**
       ☐ Falso

2. **Elija la afirmación que considere correcta.**

    a. El secretario de una asociación es el cargo que marca las pautas y todo el procedimiento a seguir.
    b. **La junta directiva cumplimenta los acuerdos adoptados en la asamblea general de socios.**
    c. La estructura ejecutiva es el órgano de toma de decisiones en una asociación.

3. **Relacione estos criterios de tipos de comunicación con medios de comunicación.**

TIPOS DE COMUNICACIÓN

    a. Comunicación interna.
    b. Comunicación externa.

MEDIOS DE COMUNICACIÓN

    b. Redes sociales.
    a. Folletos publicitarios.
    b. Ferias.
    a. Telefonía.
    b. Campaña publicitaria.

4. **¿De qué dos formas se puede analizar los procesos de comunicación en una asociación?**

La comunicación en las asociaciones puede ser analizada de forma interna (cuando se refiere a los procesos comunicativos que se dan entre los implicados en la organización de la asociación) y de forma externa (cuando se analizan los factores que influyen en la comunicación que se sitúan en el exterior o fuera de la asociación).

5. **Complete la siguiente oración:**

En las acciones del voluntariado no media un interés **lucrativo** sino que es altruista. Las personas voluntarias se movilizan por un principio de **solidaridad.** El personal voluntario no está sujeto a ningún tipo de **contrato,** ni por tanto se derivan **obligaciones** retributivas **dinerarias,** en especies o de cualquier otro tipo.

6. **¿Cuál es el primer paso que se debe dar para crear una asociación?**

El primer paso consiste en dotarse de una norma que regule el funcionamiento, establecer los fines y objetivos de la asociación e indicar el modelo organizativo. Para ello, se elaboran los estatutos. En estos se recogen los principios y el modelo organizativo con el que se dota la asociación para su organización.

7. Relacione cargos de una asociación con las funciones que pueden ejercer.

CARGOS

- a. Presidencia.
- b. Secretaría.
- c. Tesorería.
- d. Vicepresidencia.
- e. Vocalía.

FUNCIONES

c. Es responsable de los recursos de la asociación.

c. Lleva un registro actualizado de ingresos y gastos. Prepara y entrega los informes económicos que le soliciten.

e. Desarrolla proyectos e iniciativas por orden de la junta directiva, así como por propia iniciativa.

b. Levanta actas de las reuniones de las asambleas y reuniones.

a. Dirige y representa a la asociación por delegación de la asamblea y de la junta directiva.

c. Cumple con las obligaciones fiscales de la asociación.

e. Gestiona programas vinculados a los fines de la asociación.

d. Apoya a la presidencia, en el caso de ausencia le sustituye.

b. Redacta y autoriza certificados.

8. Indique los tipos de financiación con los que puede contar una asociación.

Los tipos de financiación con los que puede contar una asociación son básicamente de dos tipos:

1. Propia, es aquella en la que los recursos proceden de las aportaciones o cuotas de los propios asociados.
2. Ajena, son aquellos recursos económicos que aportan otras personas, instituciones, entidades y administraciones públicas.

9. ¿Cuáles son las vías de financiación de carácter público que pueden utilizar las asociaciones?

- Subvenciones.
- Convenios.
- Contratos.
- Prestación directa de servicios.

10. ¿Cuáles son las administraciones públicas que pueden otorgar subvenciones?

- La Administración General de Estado.
- Las entidades que integran la administración local.
- La administración de las comunidades autónomas.
- La Unión Europea.

Solucionario 5

Técnicas e instrumentos de información y difusión en la dinamización comunitaria

Solucionario Capítulo 1

1. **De las siguientes frases, indique cuál es verdadera o falsa:**

   a. Las barreras de la comunicación dificultan la descodificación del mensaje.

   ☑ **Verdadero**
   ☐ Falso

   b. La comunicación vertical es aquella que se produce entre personas de diferentes niveles jerárquicos.

   ☑ **Verdadero**
   ☐ Falso

   c. La comunicación interna de una organización se da cuando se proporciona un servicio dentro de una comunidad.

   ☐ Verdadero
   ☑ **Falso**

2. **Relacione cada función del lenguaje con su definición:**

   a. Código lingüístico.
   b. Código paralingüístico.
   c. Código extralingüístico.

   a. Texto de la carta del banco.
   c. Un tatuaje.
   b. Cara de asombro.

3. **La comunicación que se realiza para dar a conocer un servicio es:**

   a. La comunicación comercial.
   b. La comunicación vertical.
   c. **La comunicación externa.**
   d. La comunicación horizontal.

4. **Busque en la siguiente sopa de letras elementos del proceso comunicativo.**

R	E	C	E	P	T	O	R
M	E	N	S	A	J	E	E
A	A	M	Q	T	U	B	C
F	R	U	I	D	O	E	A
A	Q	T	A	S	U	L	N
C	O	D	I	G	O	T	A
M	E	D	I	O	Q	R	L

5. **¿Cuáles son los beneficios de la comunicación interna?**

A través de la comunicación interna aumenta el sentido de pertenencia, la motivación de los individuos integrantes hacia la consecución de los objetivos comunes.

6. **Complete la siguiente oración:**

La comunicación vertical se produce en dos sentidos: sentido **ascendente,** desde los niveles inferiores de la jerarquía hacia los superiores, y sentido **descendente,** desde los niveles superiores a los inferiores.

7. **Describa cuándo se produce un lenguaje mixto.**

El lenguaje mixto es aquel que se produce combinando varios tipos de lenguaje a la vez.

8. **Algunos de los elementos paralingüísticos de la comunicación son:**

   a. La fluidez y el timbre.
   b. La mirada y los gestos con las manos.
   c. La postura corporal.
   d. **Todas las opciones son correctas.**

9. ¿Cuál de las siguientes características no es esencial en la comunicación efectiva?

    a. El mensaje sea entendido.
    b. El mensaje sea visible.
    c. El mensaje sea perceptible.
    d. El mensaje sea percibido.

10. ¿Cuáles son los beneficios del análisis de necesidades junto a la comunidad?

- Entender la comunidad en la que se va a trabajar y no solo basarse en opiniones subjetivas y sesgadas por la propia experiencia.
- Detectar cuál es la visión que la comunidad tiene de un problema, cómo están viviendo ese problema y cuáles piensan ellos que pueden ser las posibles soluciones y sus protagonistas para resolverlo.
- Una vez detectados estos puntos, se podrá afrontar mejor las necesidades y priorizarlas, para enfocar de una manera más concreta las posibles soluciones; y en la medida de lo posible que estas soluciones partan de la propia comunidad.

Solucionario Capítulo 2

1. **De las siguientes frases, indique cuál es verdadera o falsa.**

    a. En la lengua oral es frecuente el uso de muletillas y frases hechas.

        ☑ **Verdadero**
        ☐ Falso

    b. El nivel sintáctico afecta al significado.

        ☑ **Verdadero**
        ☐ Falso

    c. La metáfora es un recurso exclusivo de los textos literarios y propio de los lenguajes escritos.

        ☐ Verdadero
        ☑ **Falso**

2. **Relacione cada función del lenguaje con su definición:**

    a. Código lingüístico.
    b. Código paralingüístico.
    c. Código extralingüístico.

    a. Texto de la carta del banco.
    c. Un tatuaje.
    b. Cara de asombro.

3. **La fuente de datos para el análisis del contexto puede provenir de…**

    a. … datos oficiales.
    b. … la observación directa.
    c. … entrevistas.
    d. Todas las opciones son correctas.

4. Busque en la siguiente sopa de letras tipos de espacios confinados.

S	E	L	I	P	S	I	S
I	Q	A	D	A	V	I	E
M	E	T	A	F	O	R	A
I	D	L	B	E	S	O	U
L	G	H	A	L	A	N	M
P	A	I	E	U	S	I	P
A	N	A	F	O	R	A	A

5. ¿Cuáles son los beneficios de analizar el contexto?

El análisis del contexto (AC) es una metodología de gran importancia para las campañas de comunicación y difusión de proyectos comunitarios. Determinar el contexto y conocer las variables determinantes que influencian y condicionan la conducta de la comunidad es la clave para poder implementar proyectos efectivos.

6. Complete la siguiente oración:

El aspecto denotativo de la imagen hace alusión a una descripción **objetiva.** Por el contrario el aspecto connotativo de la imagen hace alusión a una descripción más **subjetiva e interpretativa.**

7. Describa cuándo se produce una metonimia.

Consiste en designar una cosa o idea con el nombre de otra, existiendo una relación semántica entre ellas.

8. **Algunos de los elementos paralingüísticos de la comunicación son:**

   a. La fluidez y el timbre.
   b. La mirada y los gestos con las manos.
   c. La postura corporal.
   d. Todas las opciones son correctas.

9. **¿Cuál de las siguientes no es una función de la imagen?**

   a. La exhortativa.
   b. La estética.
   c. La resolutiva.
   d. Emotiva.

10. **¿Qué son las TIC?**

   Las TIC se pueden definir como un conjunto de tecnología que permite acceder, crear, tratar y comunicar información utilizando diferentes códigos, como pueden ser el texto, la imagen o el sonido. Estos recursos pueden ser informáticos, audiovisuales, tecnológicos, para el tratamiento de la información y los que facilitan la comunicación.

Solucionario Capítulo 3

1. **De las siguientes frases, indique cuál es verdadera o falsa.**

   a. Los instrumentos operativos han pasado de ser cuatro elementos a considerarse algunos más, claves también del mercadeo social.

      ☑ **Verdadero**
      ☐ Falso

   b. La evaluación cuantitativa está basada en elementos medibles, observables y generalizables.

      ☑ **Verdadero**
      ☐ Falso

   c. La metodología vincular está basada en instrumentos de valoración e investigación de mercado.

      ☐ Verdadero
      ☑ **Falso**

2. **Relacione correctamente los siguientes conceptos:**

   a. *Marketing mix.*
   b. *Partner.*
   c. *Cabildeo.*

   c. Grupo de presión.
   a. 4P.
   b. Alianzas con otras entidades.

3. **El mercadeo social utiliza como estrategias de venta de productos sociales...**

   a. ... la persuasión y la disuasión.
   b. ... la persuasión y la información.
   c. ... la comunicación directa y educacional.
   d. ... la informativa y educativa.

4. **Busque en la siguiente sopa de letras los diferentes formatos de medio de comunicación.**

A	S	D	P	R	I	V	O
L	M	W	A	L	R	A	B
P	R	E	N	S	A	L	O
A	O	B	I	P	D	L	G
I	Y	S	A	A	I	A	S
E	R	A	L	S	O	S	E
T	E	L	E	F	O	N	O

5. **¿Cuáles son las tres características claves que debe poseer un plan de comunicación?**

Estratégico, flexible e integral.

6. **Complete la siguiente oración:**

El análisis DAFO es una herramienta de análisis estratégico basada en la descripción de circunstancias internas (**fortalezas** y **debilidades**) y externas (**oportunidades** y **amenazas**).

7. **¿Cuáles son los cuatro instrumentos estratégicos de la mercadotecnia social?**

Plaza, precio, producto y promoción.

8. **Los criterios de evaluación se relacionan con medidas de...**

    a. ... impacto.
    b. ... viabilidad.
    c. ... eficacia.
    d. Todas las opciones son correctas.

9. ¿Cuál de las siguientes características no es apropiada para la formulación de objetivos de mercadeo social?

   a. Realistas.
   b. Escalables.
   c. **Fraccionables.**
   d. Medibles.

10. ¿Qué son los indicadores sociales?

Los indicadores tienen su finalidad en identificar, cualitativa y cuantitativamente, el comportamiento de una variable. Se pueden definir como medidas observables para demostrar que algo se ha modificado tras las acciones del programa.

Gestión de conflictos entre agentes comunitarios

Solucionario Capítulo 1

---

1. **Las tres P del conflicto se refieren a...**

   a. **... Persona, como participante directa del conflicto, Proceso, como causa del conflicto, y Problema, como la fase dónde se encuentra el conflicto.**
   b. ... Persona, como toda aquella que conoce el conflicto, Proceso, como el desarrollo del conflicto, y Problema, como las consecuencias derivadas del mismo.
   c. Las opciones a y b son correctas.
   d. Todas las opciones son incorrectas.

2. **De las siguientes afirmaciones, diga cuál es verdadera o falsa.**

   a. En función de las causas del conflicto, estos pueden ser intergrupales, intrapersonales, intragrupales e interpersonales.

   ☑ **Verdadero**
   ☐ Falso

   b. Los conflictos por preferencias, valores o creencias, son los provocados por diferentes criterios de evaluación de las ideas o del comportamiento, por metas valiosas intrínsecamente excluyentes o bien por diferentes modos de vida, de ideología y de religión.

   ☑ **Verdadero**
   ☐ Falso

   c. La conducta del conflicto tiene que ver con las normas, conductas, hábitos e instituciones específicas de cada sociedad, relacionadas con la conflictividad.

   ☑ **Verdadero**
   ☐ Falso

3. **Para definir algunas de las características de las personas que intervienen en el conflicto, es necesario conocer...**

      a. ... las posiciones.
      b. ... las emociones y sentimientos, los intereses y necesidades.
      c. ... los actores principales y los secundarios que intervienen en el conflicto.
      d. Todas las opciones son correctas.

4. **Busque en la siguiente sopa de letras qué define la postura de la persona ante el conflicto.**

R	I	N	E	V	N	O	C
A	C	O	M	O	D	A	R
A	A	M	E	D	I	A	R
L	N	P	M	N	F	T	C
C	O	M	P	E	T	I	R
S	U	Z	L	E	U	V	O
I	R	A	T	I	V	E	R

5. **Complete la siguiente oración.**

El conflicto es una situación que sucede entre, al menos, **dos partes** y se caracteriza por **unas diferencias percibidas sobre la misma realidad** y que ambas partes evalúan de forma **negativa,** frecuentemente a estas percepciones les siguen una serie de **estados emocionales negativos** y **conductas** que intentan prevalecer unas sobre otras.

6. **¿Defina qué significa mediar?**

Significa ser asertivo; las partes buscan una solución que satisfaga sus intereses; las partes trabajan en la búsqueda de opciones que satisfagan sus necesidades; significa conocer la postura de la otra parte para encontrar soluciones ente las dos partes; los acuerdos suelen ser perdurables en el tiempo.

7. **Con respecto al problema…**

    a. … se dan situaciones en que la causa suele ser la propia realidad del conflicto.

    b. … la relación entre las partes suele ser más importante que el conflicto en sí.

    c. … a veces, no se puede resolver el problema, pero sí se puede conseguir restablecer la comunicación entre las partes.

    d. Todas las opciones son correctas.

8. **Desde la mediación comunitaria, el conflicto…**

    a. … se basa en el reconocimiento y la legitimación de las partes.

    b. … los intereses y necesidades de las partes entran en contradicción entre sí.

    c. … solo es necesario legitimar a la parte que solicita la mediación.

    d. Las opciones a y b son correctas.

9. **¿Cuáles son los componentes de la escalada del conflicto?**

    ▮ Intensificación o escalada.

    ▮ Estancamiento.

    ▮ Desescalada.

10. **Algunas de las respuestas a los conflictos van a depender de…**

    a. … la similitud de experiencias conflictivas similares a otras anteriores.

    b. … la capacidad de aprendizaje que tenga la persona en conflicto.

    c. … los factores culturales.

    d. Todas las opciones son correctas.

Solucionario Capítulo 2

1. **La persona mediadora debe tener unas habilidades específicas. De las siguientes, ¿cuál considera la menos necesaria?**

   a. Tener curiosidad.
   b. Tener capacidad de guardar silencio.
   c. Saber utilizar la pregunta adecuada.
   d. Todas las opciones son incorrectas.

2. **En la mediación...**

   a. ... todos los conflictos pueden ser mediados.
   b. ... el mediador es el que introduce un nuevo espacio que facilita el restablecimiento del diálogo y la comunicación entre las partes.
   c. ... el mediador tiene la capacidad de generar nuevas alternativas, ya que las partes les conceden la potestad de gestionar sus soluciones.
   d. Todas las opciones son incorrectas.

3. **De los modelos de resolución de conflictos, indique cuáles pueden ser interrumpidos a instancia de parte.**

   a. La mediación.
   b. El arbitraje, la conciliación y la negociación.
   c. El arbitraje, la mediación y la conciliación.
   d. Todas las opciones son incorrectas.

4. **Los principios rectores de la mediación familiar vienen recogidos en...**

   a. ... la Recomendación (98) 1 del Consejo de Ministros del Consejo de Europa.
   b. ... el Libro Verde sobre modalidades alternativas de solución de conflictos.
   c. ... el Código de conducta europeo para mediadores.
   d. Todas las opciones son incorrectas.

5. **En el ámbito comunitario, para implementar un programa de mediación, ¿pueden los agentes sociales pertenecientes a la comunidad formar parte de las estrategias de mediación?**

    a. Sí, solo para desarrollar actividades de prevención.

    b. **Sí, puesto que son los protagonistas del proceso de mediación tanto desde la prevención como desde la intervención en el conflicto.**

    c. No, solo tiene esta potestad el personal profesional que ejerce la mediación.

6. **En la mediación...**

    a. ... todos los conflictos pueden ser mediados.

    b. **... el mediador es el que introduce un nuevo espacio que facilita el restablecimiento del diálogo y la comunicación entre las partes.**

    c. ... el mediador tiene la capacidad de generar nuevas alternativas, ya que las partes les conceden la potestad de gestionar sus soluciones.

7. **La mediación es:**

    a. **Una forma de resolver los conflictos entre dos o más personas y con la ayuda de un tercero imparcial y neutral, la persona mediadora, con formación específica en la materia, que interviene con el propósito de poderles ayudar a resolver su situación y que así restablezcan y mejoren la comunicación entre ellas.**

    b. Es una forma de resolver los conflictos entre dos o más personas y con la ayuda de un tercero imparcial y neutral, la persona mediadora, con formación específica en la materia, que interviene con el propósito de poderles resolver su situación y restablecer a su vez la comunicación entre ellas.

    c. Es una forma de resolver los conflictos entre dos o más personas y con la ayuda de un tercero imparcial y neutral y con formación específica en la materia, que interviene con el propósito de poderles ayudar a resolver su situación, para que así restablezcan y mejoren la comunicación entre ellas.

    d. Todas las opciones son incorrectas.

8. ¿Cuál/es de las siguientes opciones considera que es/son mediables?

 a. **Conflictos en que las partes tienen los recursos para poder abordar el problema.**
 b. Conflictos en que las partes no están dispuestas a abordar el problema.
 c. Conflictos en que el ámbito de la violencia es evidente.
 d. Conflictos donde las dificultades psicológicas de una de la partes son evidentes.

9. Encuentre en la siguiente sopa de letras algunas ventajas de la mediación.

Q	A	S	E	Q	U	I	B	L	E	E	Ñ
U	G	L	U	O	Ñ	P	A	H	T	M	P
L	I	G	B	M	C	O	M	U	N	I	C
A	L	I	Q	A	O	Y	Ñ	S	A	G	A
I	I	G	U	I	U	Ñ	T	T	R	H	T
C	D	S	C	E	Y	X	W	G	E	E	I
N	A	I	R	A	T	N	U	L	O	V	V
E	D	I	F	N	O	C	V	B	T	Ñ	A

10. En relación al principio de voluntariedad, este se refiera a...

 a. ... la voluntad del mediador de asesorar en el proceso.
 b. ... la voluntad de las partes de asistir al proceso de mediación.
 c. ... la voluntad de las partes de poder abandonar el proceso de mediación.
 d. **Las opciones a y b son correctas.**

Solucionario Capítulo 3

1. **La técnica del parafraseo consiste en...**

   a. ... una técnica que se utiliza para mejorar la comunicación entre las partes.
   b. ... que las partes cuenten los hechos empleando una narrativa coherente.
   c. **... hacer un resumen de lo expuesto por otra persona para asegurarse de que se ha comprendido el mensaje que pretende transmitirse.**
   d. **Todas las opciones son incorrectas.**

2. **Complete la siguiente frase.**

   La persona mediadora debe explicar el **proceso** de mediación, además de fomentar la **credibilidad** del mismo, así como explicar los **principios** fundamentales y plantear cómo va a organizar el **procedimiento.**

3. **El inicio del proceso de mediación comunitaria tiene como principal objetivo...**

   a. **... definir y presentar con claridad en qué consiste el procedimiento para que las partes conozcan cuáles van a ser las reglas y puedan tomar la decisión de iniciar la mediación o no.**
   b. ... tener toda la información necesaria acerca del conflicto que trae a las partes a la mediación.
   c. ... recabar todos los datos personales, familiares y laborales de las personas que acuden a la mediación.
   d. Todas las opciones son incorrectas.

4. **De las siguientes afirmaciones, diga cuál es verdadera o falsa. Para iniciar un proceso de mediación comunitaria es necesario...**

   a. ... que las partes hayan iniciado antes un procedimiento judicial.

   ☐ Verdadero
   ☑ **Falso**

b. ... que las partes lo inicien de forma voluntaria.

   ☑ **Verdadero**
   ☐ Falso

c. ... que las partes lo inicien, solo si tienen claro qué conflicto es el que pretenden resolver.

   ☐ Verdadero
   ☑ **Falso**

5. **En la primera reunión que se celebra, antes de iniciar la mediación, la persona confirma a las partes que están dispuestas a iniciar el proceso y da paso a...**

a. ... la firma del acta de mediación.
b. ... enumerar todas las opciones que tengan a su alcance para resolver el conflicto existente entre las partes.
c. **... la firma del contrato de mediación y el compromiso de confidencialidad.**
d. Todas las opciones son incorrectas.

6. **Cuando se concluye cada sesión de mediación, la persona mediadora debe...**

a. ... enumerar los temas de la siguiente sesión.
b. **... hacer un resumen de lo que se ha tratado y destacar a la vez lo que ha sido más relevante, ignorando lo menos importante de la reunión.**
c. ... recordar todo lo expuesto hasta el momento.
d. Todas las opciones son incorrectas.

7. **La expresión caucus significa...**

a. ... se refiere a la primera reunión que se realiza antes de iniciar la mediación.
b. ... se refiere al momento en que las partes firman el acuerdo de mediación.
c. **... se refiere a la celebración de reuniones de forma separada con cada una de las partes.**
d. Todas las opciones son incorrectas.

8. **De las siguientes afirmaciones, indique cuál es verdadera o falsa.**

   En la fase de búsqueda de opciones, uno de los objetivos es...

   a. ... fomentar la lluvia de ideas o *brainstorming*.

   ☐ Verdadero
   ☑ **Falso**

   b. ... fomentar la creatividad para buscar nuevas soluciones al conflicto.

   ☐ Verdadero
   ☑ **Falso**

   c. ... crear las soluciones que permitan responder a los intereses de las partes implicadas en la mediación.

   ☑ **Verdadero**
   ☐ Falso

9. **Busque en la siguiente sopa de letras técnicas de la mediación.**

P	A	R	A	F	R	A	S	E	O
X	L	T	H	N	E	U	P	P	I
H	L	W	E	S	C	U	C	H	A
U	U	I	O	U	M	Ñ	P	U	I
A	V	I	A	D	F	I	D	F	A
Q	A	C	E	S	P	E	J	O	S
L	Ñ	P	O	I	A	I	E	S	M
E	L	Q	A	L	Q	U	I	O	P

10. Las preguntas que son formuladas con eficacia deben...

    a. **... estar formuladas en positivo.**

    b. ... estar formuladas de una manera general para obtener la mayor información posible.

    c. En el caso de que la persona mediadora no tenga claro un aspecto del conflicto, debe dejarlo pasar y no preguntar, para no generar más ansiedad en las partes.

    d. Todas las opciones son incorrectas.

Solucionario Capítulo 4

1. **Algunos aspectos de la evaluación en que se basan los elementos centrales de cualquier programa de mediación son:**

    a. La incorporación de la mediación dentro del plan estratégico de la organización y de la gestión de los recursos humanos.
    b. La estrategia de detección de las necesidades de los miembros que participan del servicio de mediación.
    c. **Las opciones a y b son correctas.**
    d. Todas las opciones son incorrectas.

2. **Complete la siguiente frase.**

La evaluación de programas debe ser **enérgica** y, por ello, es considerada como un procedimiento **ininterrumpido, metódico** y **multidimensional** de recogida de información **relevante, válida** y **objetiva** que permite tomar decisiones sobre la validez o utilidad del mismo para mejorar su funcionamiento.

3. **¿Cuáles son las técnicas de recogida de datos?**

Las técnicas de recogida de datos consisten en la obtención de información y requieren una perspectiva amplia. Existen dos clases, las técnicas cuantitativas y las técnicas cualitativas.

4. **La encuesta...**

    a. ... es una técnica para obtener información mediante la aplicación de cuestionarios orales o escritos a un conjunto de sujetos.
    b. ... no permite recoger la información necesaria, además de que puede resultar costosa, especialmente cuando la población objeto de la encuesta es muy numerosa.
    c. Las opciones a y b son correctas.
    d. **Todas las opciones son incorrectas.**

5. La triangulación...

    a. Permite recoger información de diversa procedencia.
    b. Consiste en la utilización de diferentes métodos, sujetos y fuentes de datos para evaluar un mismo fenómeno.
    c. Las opciones a y b son correctas.
    d. Todas las opciones son incorrectas.

6. Los estudios basados en una evaluación temporal están basados en...

    a. ... estudio puntual: con él se pretende analizar y conocer la situación del Servicio de Mediación o de un aspecto del mismo, en un momento dado.
    b. ... estudio transversal: es aquel en que el evaluador hace un seguimiento del objeto de la evaluación a lo largo de un período de tiempo predeterminado.
    c. ... estudio longitudinal: básicamente, consiste en la recogida simultánea de información referente a diferentes momentos o etapas del proceso de mediación, para establecer contrastes y extraer y valorar consecuencias.

7. El programa de mediación comunitaria tendrá algunos objetivos en lo que se refiere a la transmisión de la información...

    a. ... definir un mapa de seguridad con la definición de perfiles de acceso al sistema.
    b. ... adecuar los protocolos de comunicación de datos a la normativa vigente, garantizando su seguridad y confidencialidad.
    c. Las opciones a y b son correctas.
    d. Todas las opciones son incorrectas.

8. De la siguiente afirmación, diga si es verdadera o falsa.

    a. Existen unas actitudes que favorecen la comunicación: sinceridad, que quiere decir naturalidad y autenticidad, lejos de las poses en las que a veces suelen colocarse algunos, y comprensión empática, que significa captar los sentimientos de la persona y no únicamente los hechos que narra.

        ☑ **Verdadero**
        ☐ Falso

9. La evaluación de programas es un proceso continuo, sistemático y multidimensional de recogida de información relevante, válida y fiable, que permite tomar decisiones sobre el valor o mérito del mismo para mejorar su funcionamiento. Según Cabrea dichas decisiones se refieren a...

    a. ... decisiones relativas a la continuación, expansión o certificación del éxito del programa.
    b. ... decisiones acerca de la implantación del programa.
    c. Las opciones a y b son correctas.
    d. Todas las opciones son incorrectas.

10. La evaluación externa es aquella realizada por personas no implicadas directamente en el proyecto o de fuera de la organización. Algunos inconvenientes que puede presentar son:

    a. Los evaluadores tendrán más distancia con la organización.
    b. Las evidencias que el evaluador detecte serán más creíbles, en particular, las positivas.
    c. Las opciones a y b son incorrectas.
    d. Todas las opciones son correctas.

Impulso de la igualdad de oportunidades entre mujeres y hombres

Solucionario Capítulo 1

1. **De las siguientes frases, indique cuál es verdadera o falsa.**

   a. Un estereotipo es la percepción exagerada y con pocos detalles que se tiene sobre una persona.

      ☑ **Verdadero**
      ☐ Falso

   b. El procedimiento de la construcción de la identidad de género se realiza de la misma manera en las niñas que en los niños.

      ☐ Verdadero
      ☑ **Falso**

   c. En 1791, una mujer llamada Olimpia de Gouges escribió *Declaración de los derechos de la mujer y la ciudadana.*

      ☑ **Verdadero**
      ☐ Falso

2. **Relacione las siguientes teorías con sus respectivas definiciones.**

   a. Teorías cognitivas.
   b. Teorías del aprendizaje.
   c. Teorías psicoanalíticas.

      a. Se centran en el estudio de los procesos internos que conducen al aprendizaje.
      c. Se basan en que los procesos psíquicos inconscientes presentan una concepción ampliada de la sexualidad, de sus relaciones con el acontecer psíquico y de su reflejo en la sociedad.
      b. Consideran que todos los esquemas de roles son aprendidos y que la sociedad es la responsables de cualquier idea o conducta que enseñe al niño o la niña sobre el rol que debe representar según el género.

3. Con el sufragio universal...

    a. ... el feminismo resurge con mucha fuerza.
    b. ... se empiezan a vislumbrar los primeros movimientos feministas.
    c. ... el feminismo surge como un movimiento social internacional.
    d. Todas las opciones anteriores son incorrectas.

4. ¿Qué ocurre en 1931 en España en relación a la igualdad de oportunidades?

El 8 de mayo de 1931 se reconocía en España el derecho de las mujeres a ser elegidas en las elecciones a las Cortes Generales. Las dos primeras diputadas elegidas en 1931 fueron Clara Campoamor y Victoria Kent.

5. Defina el principio de igualdad de trato entre mujeres y hombres

El principio de igualdad de trato entre mujeres y hombres supone la ausencia de toda discriminación, directa o indirecta, por razón de sexo y especialmente las derivadas de la maternidad, la asunción de obligaciones familiares y el estado civil.

6. Complete la siguiente afirmación.

Durante los tres primeros decenios, el trabajo de **Naciones Unidas** en beneficio de la mujer se centró principalmente en la **codificación de los derechos jurídicos y civiles de la mujer,** y en la consecución **de datos sobre la condición jurídica y social de la mujer en todo el mundo.**

7. Nombre las cuatro conferencias mundiales convocadas por Naciones Unidas.

La I Conferencia Mundial sobre la Condición Jurídica y Social de la Mujer se convocó en México DF en 1975.

La II Conferencia Mundial sobre la Mujer de Copenhague en 1980.

La III Conferencia Mundial sobre la Mujer, la Conferencia Mundial para el Examen y la Evaluación de los Logros del Decenio de las Naciones Unidas para la Mujer: Igualdad, Desarrollo y Paz, en 1985 en Nairobi.

La IV Conferencia Mundial de la Mujer en Beijing en 1995.

8. **En materia de igualdad de género en España a nivel normativo se encuentra...**

    a. ... el Instituto de las Mujeres.

    b. ... los planes de igualdad de oportunidades.

    c. ... la Ley Orgánica 3/2007 de 22 de marzo para la igualdad efectiva entre mujeres y hombres.

    d. ... la Unidad de Igualdad de Género.

9. **Elija la opción correcta sobre el Instituto de las Mujeres.**

    a. Su función es la sensibilización ciudadana y la prevención de todas las formas de violencia contra la mujer.

    b. Sus funciones son recabar, analizar y difundir información periódica y sistemática sobre la situación de las mujeres y de los hombres, en cada momento y a lo largo del tiempo, con el fin de conocer los cambios socio-laborales registrados así como proponer políticas tendentes a mejorar la situación de las mujeres en distintos ámbitos.

    c. Una de las tareas fundamentales de esta entidad es la implementación de las políticas de igualdad mediante los planes de igualdad de oportunidades a nivel autonómico en cuyo diseño intervienen los distintos ministerios.

    d. Todas las opciones anteriores son correctas.

10. **El *mainstreaming* de género...**

    a. ... representa el conjunto de ideas y prácticas de la corriente o el pensamiento general, lo que trasladado al concepto de género sería la acción de integrar la perspectiva de género en las ideas y las prácticas de la corriente o el pensamiento general y de las políticas públicas.

    b. ... es una medida de acción positiva.

    c. ... es un tipo de plan obligatorio a elaborar en las empresas de más de 250 trabajadores según establece la Ley Orgánica 3/2007 de 22 de marzo.

    d. Todas las opciones anteriores son correctas.

Solucionario Capítulo 2

1. **De las siguientes frases, indique cuál es verdadera o falsa.**

   a. Los roles sexuales definen comportamientos, habilidades, capacidades y formas de pensar.

      ☑ **Verdadero**
      ☐ Falso

   b. La asimilación de los estereotipos de los roles masculino y femenino facilita el desarrollo de una identidad sexual a partir de la cual se trata a las personas del mismo sexo como iguales entre sí y diferentes del otro sexo.

      ☑ **Verdadero**
      ☐ Falso

   c. El uso no sexista del lenguaje no supone un paso más hacia la igualdad plena de las mujeres.

      ☐ Verdadero
      ☑ **Falso**

2. **Relacione las siguientes teorías con sus respectivas definiciones.**

   a. El salto semántico.
   b. El uso indiscriminado del masculino como genérico.
   c. Asimetrías en el tratamiento.

      a. Utilizar el masculino como genérico y en el mismo contexto, más adelante, utilizarlo como específico.
      c. Hacer diferencias a la hora de tratar a personas que tienen una misma jerarquía en función del sexo.
      b. Uso de sustantivos y uso habitual de expresiones pretendidamente inclusivas.

3. **A la hora de llevar a cabo un proyecto de intervención social es indispensable que se produzcan cambios en la propia organización. Indique al menos cinco.**

    ▌ Promover la asistencia a charlas, cursos o seminarios de género por parte del personal del proyecto.
    ▌ Crear foros de análisis y difusión.
    ▌ Celebrar sesiones formativas e informativas en las que puedan participar las personas implicadas en el proyecto para favorecer la incorporación de la teoría de género.
    ▌ Diseñar metodologías que establezcan el procedimiento de implementación de la teoría de género en las distintas áreas funcionales.
    ▌ Diseñar normativas que recojan los criterios y la valoración de los elementos clave a tener en cuenta en los procesos de selección y formación del equipo técnico.
    ▌ Poner a disposición de las personas implicadas en el proyecto un servicio de asesoramiento experto en materia de género, perteneciente o no a las entidades del proyecto.
    ▌ Realizar acciones formativas en horario laboral.
    ▌ Diseñar materiales y documentos de apoyo para el personal técnico especializado en empleo, servicios sociales, atención, formación, etc.

4. **Indique formas de combatir el maltrato hacia la mujer por parte de los medios de comunicación.**

    Evitando presentar o fomentar la imagen de las mujeres de la siguiente manera:

    ▌ Como cuidadora: madre-esposa que complementa a su marido.
    ▌ La dama de hierro (mujer firme y con mando), peligrosa si consigue poder.
    ▌ La profesional *superwoman* que también es cuidadora.
    ▌ La guapa cuyos éxitos en la vida han sido por su físico y no por su esfuerzo.
    ▌ La *femme fatale,* también peligrosa por usar el sexo para influir en los demás (sobre todo en los hombres).
    ▌ La víctima-sufridora, aunque sería más acertado el tratamiento contrario: como mujeres combativas que hacen frente a la adversidad.

5. Aplicar una perspectiva de género en la intervención social...

   a. ... supone posicionarse por parte de los entes políticos y los agentes sociales a favor de la igualdad de género en las intervenciones, los programas, los proyectos y las actividades que se desempeñan para los colectivos en riesgo de exclusión social.

   b. ... supone posicionarse por parte de los agentes sociales a favor de la igualdad de género en las intervenciones que se desempeñan para los colectivos en riesgo de exclusión social.

   c. ... supone posicionarse por parte de los entes políticos y los agentes sociales a favor de la igualdad de género en proyectos y actividades que se desempeñan para las mujeres.

   d. Todas las opciones anteriores son correctas.

6. Complete la siguiente afirmación.

El espacio privado **ha sido siempre relegado a un segundo plano,** no es importante ya que a nadie le importa. Un hecho curioso es que aunque el espacio privado genera empleo, **como es el caso del trabajo doméstico remunerado,** tiene una característica muy llamativa y es **la de la economía sumergida,** lo que significa que esta profesión se vuelve **invisible por la falta de valoración y la temporalidad.**

7. ¿Cómo se puede incorporar la perspectiva de género en la entidad? Indique al menos cinco propuestas.

- Promover la asistencia a charlas, cursos o seminarios de género por parte del personal del proyecto.
- Crear foros de análisis y difusión.
- Celebrar sesiones formativas e informativas en las que puedan participar las personas implicadas en el proyecto para favorecer la incorporación de la teoría de género.
- Diseñar metodologías que establezcan el procedimiento de implementación de la teoría de género en las distintas áreas funcionales.
- Diseñar normativas que recojan los criterios y la valoración de los elementos clave a tener en cuenta en los procesos de selección y formación del equipo técnico.
- Poner a disposición de las personas implicadas en el proyecto un servicio de asesoramiento experto en materia de género, perteneciente o no a las entidades del proyecto.
- Realizar acciones formativas en horario laboral.

I Diseñar materiales y documentos de apoyo para el personal técnico especializado en empleo, servicios sociales, atención, formación, etc.

I Sensibilizar sobre la necesidad de impartir formación interna de forma continuada a lo largo del período de vigencia del proyecto.

8. **La mayor parte de los análisis para los proyectos o intervenciones sociales...**

   a. ... se basan exclusivamente en los recursos económicos.
   b. ... se basan en los recursos económicos o productivos, que son los menos visibles.
   c. **... se basan en los recursos económicos o productivos, que son los más visibles.**
   d. Las opciones a y b son las correctas.

9. **Actualmente se está fomentando la participación como un proceso de identificación e incorporación de las preocupaciones, las necesidades y los valores de los distintos agentes en la toma de decisiones.**

   ☑ **Verdadero**
   ☐ Falso

10. **¿Cómo puede un proyecto contribuir al empoderamiento?**

   a. Conocer género.
   b. Promover una participación equitativa.
   c. Atender necesidades prácticas y estratégicas de género.
   d. **Todas las opciones anteriores son correctas.**